I0078898

كتابُ التّمارين لِـ
دروس اللغة العربية
لغير الناطقين بها
للأطفال
THE MEDINAH ARABIC COURSE
For Children
- WORKBOOK LEVEL THREE -
٣
١٤٣٤هـ

THE MEDINAH ARABIC COURSE
For Children

كِتابُ التَّمارِينِ لِـ
دُرُوسُ اللُّغـةِ الْعَرَبِـيَّـةِ
لِغَيرِ النّاطِقِينَ بِـها
لِلْأَطْفـالِ

The Medinah Arabic Course
for Children
- WORKBOOK LEVEL THREE -

TAHA ARABIC BOOKS (KT 0294726-K)

This particular book of mine, '*The Medinah Arabic Course For Children : WORKBOOK LEVEL THREE*' may be photocopied as the mere using of it renders it un-usable. With respect to this, and without having to resort to adding 'consequential actions' such as stating :

> *"This book is copyright protected. Those found guilty of copying will be drawn and quartered."*

...or likewise (which normally comes at the author's copyright page), I would like instead to ask for simple common respect for the author's hard work–often years–in mind. So, that being said : *If you need to photocopy this book for extra exercises for yourself or your students then please do so.* No, you *cannot* re-print the book (or portions of it) and sell it under a new name. No, you *cannot* download a copy from the internet, nor upload it to the internet. But, yes, feel free to photocopy your personal copy for learning and as long as you intend to learn from it, or teach it to others.

Please visit both Dr V. Abdur Rahim's website for the Arabic Language, and particularly mine for additional material and tips relating to calligraphy, the Arabic Language, teaching methodology as well as a complete teacher's guide (كِتابُ الْمُعَلِّم) for the seven-book children's series :

www.DrVaniya.com **www.Taha-Arabic.com**

Shukran! شُكْرًا! Thank you!

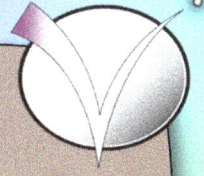

مَعْلُوماتُ الدّارِسِ/الدّارِسَةِ

اَسْمُ التِّلْميذِ/التِّلْميذَةِ : ____________________

الْعُنْوانُ : ____________________

____

____

____

اَسْمُ الْمَدْرَسَةِ : ____________________

اَسْمُ الْأُسْتاذِ/الْأُسْتاذَةِ : ____________________

الْفَصْلُ : ____________________

السَّنَةُ : ____________________

رَقْمُ الْهاتِفِ : ____________________

مَعْلُوماتٌ أُخَرُ شَخْصِيَّةٌ

____

____

____

____

اَسْمُ التِّلْمِيذِ / التِّلْمِيذَةِ :

____

التَّارِيخُ : ________________

(١) تَمارِينُ الدَّرْسِ الْأَوَّلِ

١ اِقْرَأْ (اِقْرَئِي) ما يَلِي، ثُمَّ أَجِبْ (أَجِيبِي) عَنِ الْأَسْئِلَةِ :

الْمَكْتَبُ : عَلَى الْمَكْتَبِ	الْحَقِيبَةُ : فِي الْحَقِيبَةِ

• أَيْنَ الْكِتابُ؟	• ماذا عَلَى الْكُرْسِيِّ؟
• هُوَ عَلَى الْمَكْتَبِ.	• عَلَى الْكُرْسِيِّ دَفْتَرٌ.
• وَأَيْنَ الْحَقِيبَةُ؟	• وَماذا فِي الْحَقِيبَةِ؟
• هِيَ فِي الْغُرْفَةِ.	• فِي الْحَقِيبَةِ ساعَةٌ.

(١) أَيْنَ الْكِتابُ؟ ________________

(٢) وَأَيْنَ الْحَقِيبَةُ؟ ________________

(٣) ماذا عَلَى الْكُرْسِيِّ؟ ________________

(٤) وَماذا فِي الْحَقِيبَةِ؟ ________________

(٥) ماذا فِي الْغُرْفَةِ؟ ________________

(٦) وَماذا عَلَى الْمَكْتَبِ؟ ________________

٢ اِمْلَأْ (اِمْلَئِي) كُلَّ فَراغٍ بِـ«هُوَ» أَوْ بِـ«هِيَ» :

(١) أَيْنَ مُحَمَّدُ الْآنَ؟[١] ______ الْآنَ فِي الْبَيْتِ.

(٢) مَنْ تِلْكَ؟ تِلْكَ مَرْيَمُ. ______ طَبِيبَةٌ.

(٣) هٰذِهِ فاطِمَةُ. ______ مُدَرِّسَةٌ. وَهٰذا حامِدٌ. ______ مُدَرِّسٌ.

٣ اِضْبِطْ (اِضْبِطِي) أَواخِرَ الْكَلِماتِ :

(١) سُوق	(٥) جَمال	(٩) قِطّي
(٢) الْكِتاب	(٦) الْغُرْفَة	(١٠) خَدِيجَة
(٣) عَلَىٰ الْكِتاب	(٧) فِي الْغُرْفَة	(١١) فِي الْمَسْجِد
(٤) الْآن	(٨) عَلَىٰ الدَّفْتَر	(١٢) عَلَىٰ السَّرِير

٤ اِمْلَأْ (اِمْلَئِي) كُلَّ فَراغٍ بِـ«ذٰلِكَ» أَوْ بِـ«تِلْكَ» :

(١) ______ مَكْتَبٌ.

(٢) ______ خَدِيجَةُ.

(٣) أَقِطٌّ ______؟ نَعَمْ.

(٤) ______ حَقِيبَةٌ.

(٥) ______ غُرْفَتِي، وَ______ سَرِيرِي.

(٦) ما ______؟ ______ الْقَمَرُ.

(٧) ______ قِطِّي، وَ______ مَدْرَسَتِي.

(٨) مَنْ ______؟ ______ الشَّيْخُ هِشامٌ.

---

[١] نُطْقُهُ : ...مُحَمَّدُ نِ الْآنَ.

٥ رَتِّبْ (رَتِّبي) كُلَّ كَلِمَةٍ مِمَّا يَلِي تَرْتِيبًا مُناسِبًا :

[ٱسْمُكِ ○ ؟ ○ ما ○ أُسْتاذَتِي ○ يا]

(١) ________________________________

[؟ ○ ماذا ○ وَ ○ عَلَىٰ ○ السَّرِيرِ ○ الْمَكْتَبِ ○ ماذا ○ عَلَىٰ]

(٢) ________________________________

[يا ○ قِطِّي ○ هُوَ ○ عَلَىٰ ○ نَظِيفٌ. ○ ٱنْظُرِي. ○ خَدِيْجَةُ ○ الْكُرْسِيِّ.]

(٣) ________________________________

٦ ٱمْلَأْ (ٱمْلَئِي) كُلَّ فَراغٍ فِيما يَلِي بِالْكَلِمَةِ الْمُناسِبَةِ :

عَلَىٰ ○ السَّرِيرُ ○ السَّرِيرِ ○ ما ○ أُنْظُرِي ○ الْقِطُّ ○ بَيْتُكَ

(١) يا عائِشَةُ، بَيْتِي بَعِيدٌ. ______، هُوَ هُناكَ.

(٢) ماذا عَلَىٰ ______؟ ______ عَلَىٰ السَّرِيرِ، وَكَذٰلِكَ الْقَلَمُ.

(٣) أَيْنَ الْحَقِيبَةُ الْآنَ؟ هِيَ الْآنَ ______ الْمَكْتَبِ.

(٤) ______ ٱسْمُكَ يا أَخِي، وَأَيْنَ ______؟

(٥) ما ذٰلِكَ؟ ذٰلِكَ سَرِيرٌ. ______ جَدِيدٌ وَكَبِيرٌ وَجَمِيلٌ.

٧ ٱجْعَلْ (ٱجْعَلِي) كُلَّ كَلِمَةٍ مِمَّا يَلِي فِي جُمْلَةٍ مُفِيدَةٍ :

عَلَىٰ
سَرِيرٌ
فِي
الْحَقِيبَةُ

(١) ________________________

(٢) ________________________

(٣) ________________________

(٤) ________________________

٨ صَحِّحِ (صَحِّحِي) الْجُمَلَ الْآتِيَةَ :

(١) الْقِطُّ الْآنَ عَلَىٰ السَّرِيرَ. ________________________

(٢) ما ٱسْمُكَ يا أُخْتِي؟ ________________________

(٣) مَدْرَسَتِي كَبِيرٌ. ________________________

(٤) فِي الْحَقِيبَةَ ساعَةٌ قَدِيمٌ. ________________________

٨

أُدْخُلْ (أُدْخُلِي) مِنْ هُنا...

وَٱخْرُجْ (ٱخْرُجِي) مِنْ هُنا.

اَسْمُ التِّلْمِيذِ / التِّلْمِيذَةِ :

التَّارِيخُ :

(٢) تَمارِينُ الدَّرْسِ الثَّانِي

١ كَوِّنْ (كَوِّنِي) جُمَلاً كَما فِي الْمِثالِ :

كِتابٌ
بَيْتٌ
أُمٌّ
قَلَمٌ
أُخْتٌ
كُرْسِيٌّ
حَقِيبَةٌ

● الْمِثالُ : هٰذا كِتابِي، وَذٰلِكَ كِتابُهُ.

(١) ____________

(٢) ____________

(٣) ____________

(٤) ____________

(٥) ____________

(٦) ____________

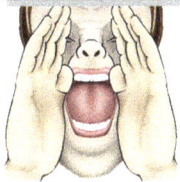

٢ نادِ (نادِي) الْأَسْماءَ الْآتِيَةَ كَما فِي الْمِثالِ :

● مُحَمَّدٌ : يا مُحَمَّدُ

(١) كَمالٌ : ____________

(٢) فاطِمَةُ : ____________

(٣) عَبَّاسٌ : ____________

(٤) وَلِيمٌ : ____________

(٥) زَيْنَبُ : ____________

٣ كَوِّنْ (كَوِّنِي) جُمَلاً عَلَىٰ غِرارِ الْمِثالِ :

● الْمِثالُ : أَكِتابُكَ هٰذا يا مُحَمَّدُ؟

(كِتابُ ○ مُحَمَّدٌ)
(سَرِيرٌ ○ آمِنَةُ)
(ساعَةٌ ○ دُكْتُورٌ)
(دَرَّاجَةٌ ○ عَبَّاسٌ)
(دَفْتَرٌ ○ مَرْيَمُ)

(١) ____________________

(٢) ____________________

(٣) ____________________

(٤) ____________________

٤ رَتِّبْ (رَتِّبِي) كُلَّ كَلِمَةٍ مِمَّا يَلِي تَرْتِيبًا مُناسِبًا :

[يا ○ وَ ○ مَنْ ○ ما ○ ٱسْمُهُ ○ ؟ ○ حامِدُ ○ ذٰلِكَ]

(١) ____________________

[هٰذِهِ ○ وَ ○ وَ ○ سَرِيرٌ. ○ هٰذا ○ هٰذا ○ قِطٌّ ○ حَقِيبَةٌ]

(٢) ____________________

[ما ○ يا ○ طَبِيبَةُ ○ ٱسْمُكِ ○ ٱسْمِي ○ عائِشَةُ. ○ ؟]

(٣) ____________________

[مَنْ ○ الْكُرْسِيِّ ○ عَلَىٰ ○ الْكُرْسِيِّ. ○ ؟ ○ عَلَىٰ ○ شَهْنَوازُ]

(٤) ____________________

٥ ٱمْلَأْ (ٱمْلَئِي) كُلَّ فَراغٍ فِيما يَلِي بِالْكَلِمَةِ الْمُناسِبَةِ :

خالِدُ ○ الْقِطُّ ○ الْآنَ ○ أَنا ○ فِي ○ جَمِيلٌ ○ الْمَكْتَبِ

(١) يا جَمالُ، أَيْنَ ______ الْآنَ؟ هُوَ ______ عَلَىٰ ______.

(٢) يا ______، أَمُدَرِّسٌ أَنْتَ؟ لا، ______ دُكْتُورٌ.

(٣) الْقِطُّ ______ الْغُرْفَةِ. هُوَ ______ وَنَظِيفٌ.

٦ ٱجْعَلْ (ٱجْعَلِي) كُلَّ كَلِمَةٍ مِمَّا يَلِي فِي جُمْلَةٍ مُفِيدَةٍ :

إِدْوَرْدُ
عَلَىٰ
قِطٌّ
بَيْتُكِ
إِبْراهِيمُ
فِي
الْآنَ
ٱسْمُهُ
الْقَمَرُ
ماذا...؟

(١) ______________________

(٢) ______________________

(٣) ______________________

(٤) ______________________

(٥) ______________________

(٦) ______________________

(٧) ______________________

(٨) ______________________

(٩) ______________________

(١٠) ______________________

٧ أَضْبِطْ (أَضْبِطِي) أَواخِرَ الْكَلِماتِ فيما يَلي :

(١) إمــــام (٥) إدْوَرْد (٩) وِلْيَــــم

(٢) زَيْنَــب (٦) جَمـال (١٠) حامِــد

(٣) شَهْنَـواز (٧) مَرْيَـم (١١) فاطِمَـــة

(٤) خـالِـــد (٨) عَبّاس (١٢) إسْماعيْل

٨ صَحِّحِ (صَحِّحِي) الْجُمَلَ الآتِيَةَ :

(١) هٰذا مَكْتَبٌ. مَكْتَبٌ فِي الْغُرْفَةِ.

_____

(٢) أَدُكْتُورٌ تِلْكَ؟ لا.

_____

(٣) يا أُسْتاذُ، الْقَلَمِي هُنـا.

_____

(٤) هٰذا هِشامٌ، وَذٰلِكَ الْبَيْتُهُ.

_____

(٥) أَيْنَ وِلْيَمٌ؟ هُوَ هُناكَ.

_____

(٦) أَمُسْلِمٌ فاطِمَةُ؟ نَعَمْ.

_____

(٧) أَمُسْلِمَةً حامِدٌ؟ نَعَمْ.

_____

(٨) عَبّاسٌ طَبيبٌ، وَشَهْنَوازٌ مُدَرِّسٌ.

_____

(٩) يا أَخِي، أَقِطُّكَ هٰذِهِ؟

_____

اَسْمُ التِّلْمِيذِ / التِّلْمِيذَةِ : ______________

التَّارِيخُ : ______________

(٣) تَمارِينُ الدَّرْسِ الثَّالِثِ

١ أَجِبْ (أَجِيبِي) عَنِ الْأَسْئِلَةِ الْآتِيَةِ بِـ«فِي» أَوْ بِـ«عَلَىٰ» :

● ماذا عَلَىٰ الْمَكْتَبِ؟ الْحَقِيبَةُ عَلَىٰ الْمَكْتَبِ.[1]

(١) ماذا فِي الْماءِ؟ ______________

(٢) ماذا عَلَىٰ الْكِتابِ؟ ______________

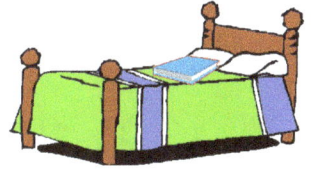

(٣) ماذا عَلَىٰ السَّرِيرِ؟ ______________

(٤) ماذا فِي الْغُرْفَةِ؟ ______________

(٥) ماذا عَلَىٰ السَّيَّارَةِ؟ ______________

(٦) ماذا فِي الْبَيْتِ؟! ______________

(٧) ماذا فِي السَّماءِ؟ ______________

(٨) ماذا عَلَىٰ الدَّفْتَرِ؟ ______________

---

[1] ✓ الْحَقِيبةُ على الْمَكتبِ. ✓ على الْمَكتبِ حَقِيبةٌ. ✗ حَقِيبةُ على الْمَكتبِ.

٢ ٱمْلأْ (ٱمْلَئِي) كُلَّ فَراغٍ مِمّا يَلِي بِـ«ـهُ/ـهُ» أَوْ بِـ«ها/ـها» :

(١) هِشامٌ تاجِرٌ. ذٰلِكَ دُكّانُـ_____.

(٢) أَفاطِمَةُ تِلْكَ؟ نَعَمْ، تِلْكَ فاطِمَةُ، وَتِلْكَ أُمُّـ_____.

(٣) الْمُدَرِّسُ، دَفْتَرُ_____ جَدِيدٌ، وَالْمُدَرِّسَةُ، دَفْتَرُ_____ قَدِيمٌ.

(٤) آمِنَةُ فِي الْبَيْتِ، وَأَبُو_____ فِي الْمَسْجِدِ، وَأَخُو_____ فِي السُّوقِ.

(٥) يا أُسْتاذُ، أَيْنَ جَمالٌ؟ هُوَ هُناكَ. ٱنْظُرْ. تِلْكَ سَيّارَتُـ_____.

(٦) يا إِبْراهِيمُ، مَنْ تِلْكَ، وَمَنْ ذٰلِكَ؟ تِلْكَ مَرْيَمُ، وَذٰلِكَ ٱبْنُـ_____.

٣ ٱجْعَلْ (ٱجْعَلِي) كُلَّ كَلِمَةٍ مِمَّا يَلِي فِي جُمْلَةٍ مُفِيدَةٍ :

أَخُوها
سَيّارَتُهُ
كِتابِي
ماذا...؟
عَبّاسُ
مُمَرِّضَةٌ
دَفْتَرُها

(١) ____________________

(٢) ____________________

(٣) ____________________

(٤) ____________________

(٥) ____________________

(٦) ____________________

(٧) ____________________

٤ رَتِّبْ (رَتِّبي) كُلَّ كَلِمَةٍ مِمَّا يَلِي تَرْتِيبًا مُناسِبًا :

[هٰذِهِ ○ أُمِّي ○ تِلْكَ ○ وَ ○ أُخْتِي.]

(١) ______________________________

[أَيْنَ ○ فِي ○ هُوَ ○ الْمِنْدِيلُ ○ ؟ ○ الْحَقِيبَةِ.]

(٢) ______________________________

[اُنْظُرِي. ○ هُناكَ. ○ أُخْتِي ○ يا ○ فِي ○ الْمَلْعَبِ ○ فاطِمَةُ]

(٣) ______________________________

[عَلَىٰ ○ عَلَىٰ ○ ؟ ○ ماذا ○ السَّرِيرِ ○ السَّرِيرِ. ○ السَّاعَةُ]

(٤) ______________________________

٥ مَــنْ ذٰلِــكَ؟ / مَــنْ تِـلْــكَ؟

● ذٰلِكَ طَبِيبٌ.

(١) ______________________________

(٢) ______________________________

(٣) ______________________________

(٤) ______________________________

(٥) ______________________________

(٦) ______________________________

(٧) ______________________________

٦ صَحِّحِ (صَحِّحِي) الْجُمَلَ الْآتِيَةَ :

(١) ذٰلِكَ بِلالٌ، وَهٰذِهِ سَيَّارَتُها. ______________________

(٢) أَبَيْتُكَ ذٰلِكَ يا زَيْنَبُ؟ ______________________

(٣) الدَّفْتَرِيْ فِي الْحَقِيبَةِ. ______________________

(٤) أَبُكَ هُناكَ. ______________________

(٥) هٰذِهِ فاطِمَةُ، وَهٰذا أَخُوهُ. ______________________

(٦) أَيْنَ ساعَتُكِ يا إِسْماعِيلُ؟ ______________________

٧ صِلْ (صِلِي) بَيْنَ الْكَلِماتِ وَالصُّوَرِ :

هٰذا مِنْدِيلٌ جَمِيلٌ.

أَبِي تاجِرٌ.

هٰذِهِ كُرَةٌ.

أَقِطٌّ هٰذا؟ نَعَمْ.

تِلْكَ كُرَةٌ.

اِسْمُ التِّلْمِيذِ / التِّلْمِيذَةِ :
____
التَّارِيخُ : ________________

(٤) تَمارِينُ الدَّرْسِ الرَّابِعِ

١ اِقْرَأْ (اِقْرَئِي) ما يَلِي، ثُمَّ أَجِبْ (أَجِيبِي) عَنِ الْأَسْئِلَةِ :

الْبَيْتُ : إِلَى الْبَيْتِ	الْبَيْتُ : مِنَ الْبَيْتِ

- أَيْنَ أَبُوكَ يا عَبَّاسُ؟
- خَرَجَ مِنَ الْبَيْتِ.
- أَيْنَ ذَهَبَ؟
- ذَهَبَ إِلَى السُّوقِ.
- وَأَيْنَ أَخُوكَ؟
- ذَهَبَ إِلَى الْمَسْجِدِ.
- وَأَيْنَ أُخْتُكَ؟
- ذَهَبَتْ إِلَى الْمَدْرَسَةِ.
- وَأُمُّكَ، أَيْنَ هِيَ؟
- ذَهَبَتْ إِلَى الطَّبِيبَةِ.

(١) عَبَّاسُ، أَيْنَ ذَهَبَ أَبُوهُ؟ ________________

(٢) وَأَيْنَ ذَهَبَ أَخُوهُ؟ ________________

(٣) أَيْنَ ذَهَبَتْ أُخْتُهُ؟ ________________

(٤) وَأُمُّهُ، أَيْنَ ذَهَبَتْ؟ ________________

(٥) عَبَّاسُ فِي الْبَيْتِ. أَيْنَ أَبُوهُ؟ ________________

٢ اَمْلَأُ (اِمْلَئِي) كُلَّ فَرَاغٍ مِمَّا يَلِي بِـ«ذَهَبَ إِلَى»
أَوْ بِـ«ذَهَبَتْ إِلَى» كَمَا فِي الْمِثَالِ :

● الْمِثَالُ : أَيْنَ ذَهَبَتْ فاطِمَةُ؟ <u>ذَهَبَتْ إِلَى الْبَيْتِ.</u>

(١) أَيْنَ ذَهَبَ كَمَالٌ؟ _____

(٢) أَيْنَ ذَهَبَتْ مَرْيَمُ؟ _____

(٣) أَيْنَ ذَهَبَ هِشَامٌ؟ _____

(٤) أَيْنَ ذَهَبَتْ آمِنَةُ؟ _____

٣ اَمْلَأُ (اِمْلَئِي) كُلَّ فَرَاغٍ فِيما يَلِي بِالْكَلِمَةِ الْمُنَاسِبَةِ :

| إِلَى ● مُهَنْدِسٌ ● حَقِيبَةٌ ● شَهْنَوازُ ● مِن ● الْمَسْجِدِ ● مِنْدِيل |

(١) عَلَى الْمَكْتَبِ _____ نَظِيفٌ، وَ _____ صَغِيرَةٌ.

(٢) ما اسْمُكَ يا أَخِي؟ اِسْمِي _____. أَنَا _____.

(٣) مَنْ فِي الْمَسْجِدِ الْآنَ؟ فِي _____ الْآنَ إِمامٌ كَبِيرٌ.

(٤) أَيْنَ ذَهَبَتْ أُمِّي يا أَبِي؟ ذَهَبَتْ _____ الدُّكَّانِ.

(٥) خَرَجَ الدُّكْتُورُ _____ الْبَيْتِ وَذَهَبَ إِلَى الْمَدْرَسَةِ.

٤ اِضْبِطْ (اِضْبِطِي) أَواخِرَ الْكَلِماتِ :

(١) بَيْـــــت
(٢) الْبَيْـــت
(٣) فِي الْبَيْـت
(٤) زَيْنَـــب
(٥) مِنَ الْبَيْـت
(٦) الشَّـــيْخ
(٧) إِلَى الْمَسْجِـد
(٨) اِبْـــنِـــي
(٩) أَخُـــوه
(١٠) صَغِـيـــر
(١١) إِلَى الْمَدْرَسَة
(١٢) حـامِـــد
(١٣) إِسْماعِيـل
(١٤) عَلَى السَّاعَة
(١٥) طَبِيبِـــي

٥ رَتِّبْ (رَتِّبِي) كُلَّ كَلِمَةٍ مِمَّا يَلِي تَرْتِيبًا مُناسِبًا :

[وَ ○ ذَهَبَ ○ الْبَيْتِ ○ إِلَى ○ السُّوقِ. ○ مِنَ ○ خَرَجَ ○ خالِدٌ]

(١) ________________

[أَنْتَ ○ ؟ ○ نَعَمْ، ○ أَنا ○ أَ ○ مُسْلِمٌ ○ مُسْلِمٌ. ○ يا ○ أَخِي]

(٢) ________________

[خَرَجْتَ ○ لا. ○ مِنَ ○ الْمَدْرَسَةِ ○ الْمُدَرِّسَةُ ○ ؟ ○ أَ]

(٣) ________________

[فِي ○ ماذا ○ فِي ○ ؟ ○ وَ ○ الْحَقِيبَةِ ○ الْحَقِيبَةِ ○ قَلَمٌ. ○ كِتابٌ]

(٤) ________________

٦ ٱجْعَلْ (ٱجْعَلِي) كُلَّ كَلِمَةٍ مِمَّا يَلِي فِي جُمْلَةٍ مُفِيدَةٍ :

شَهْنَوازُ
عَلَىٰ
دَرَّاجَتُهُ
ذَهَبَ إِلَىٰ
بَيْتُ
كِتابُهُ
فِي
ما أَدْرِي
خَرَجَ مِنْ

(١) ____________

(٢) ____________

(٣) ____________

(٤) ____________

(٥) ____________

(٦) ____________

(٧) ____________

(٨) ____________

(٩) ____________

٧ صَحِّحِ (صَحِّحِي) الْجُمَلَ الْآتِيَةَ :

(١) خَرَجَ عَبّاسُ فِي الْمَسْجِدِ. ____________

(٢) أَخُوها طَبِيبُ. ____________

(٣) أَمُمَرِّضُ آمِنَةُ؟ ما أَدْرِي. ____________

(٤) ما ٱسْمُكَ يا أُخْتِي؟ ____________

(٥) أَذَهَبَ جَمالُ مِنَ الْمَدْرَسَةِ؟ ____________

٨ ما هٰذا / ما هٰذِهِ؟

● هٰذِهِ سَيَّارَةٌ.

(١) ______________________

(٢) ______________________

(٣) ______________________

(٤) ______________________

(٥) ______________________

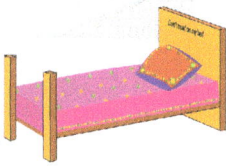

(٦) ______________________

(٧) ______________________

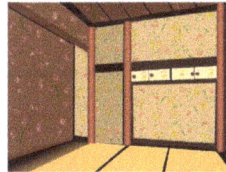

(٨) ______________________

(٩) ______________________

(١٠) ______________________

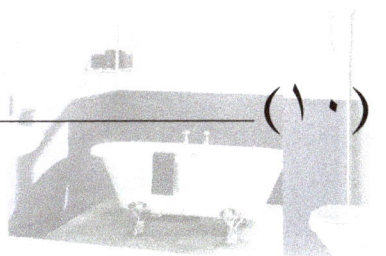

(١١) ______________________

(١٢) ______________________

(١٣) ______________________

(١٤) ______________________

(١٥) ______________________

(١٦) ______________________

(١٧) ______________________

(١٨) ______________________

(١٩) ______________________

(٢٠) ______________________

(٢١) ______________________

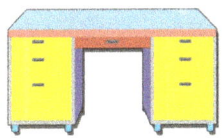

٩ ٱمْلأْ (ٱمْلَئِي) كُلَّ فَراغٍ مِمّا يَلِي بِـ«ما» أَوْ بِـ«مَنْ» :

(١) ____ هٰذا؟ هٰذا إِبْراهِيمُ. (٥) ____ تِلْكَ؟ تِلْكَ خَدِيجَةُ.

(٢) ____ ذٰلِكَ؟ ذٰلِكَ سَرِيرٌ. (٦) ذٰلِكَ طَبِيبٌ. ____ ٱسْمُهُ؟

(٣) ____ هُناكَ؟ خالِدٌ هُناكَ. (٧) ____ فِي الْبَيْتِ؟ أَنا.

(٤) ____ هٰذا؟ هٰذا مِنْدِيلٌ. (٨) ____ عَلَىٰ الدَّفْتَرِ؟ هُوَ قَلَمِي.

١٠ ٱمْلَأْ (ٱمْلَئِي) كُلَّ فَراغٍ مِمّا يَلِي بِـ«هٰذا» أَوْ بِـ«هٰذِهِ» :

(١) يا أُسْتاذَةُ، ____ كُرْسِيٌّ. (٥) ____ دَفْتَرٌ، وَ____ ساعَةٌ.

(٢) أَغُرْفَةٌ ____؟ نَعَمْ. (٦) أَسَيّارَتُكَ ____؟ نَعَمْ.

(٣) ____ فاطِمَةُ، وَ____ وَلِيمُ. (٧) ما ____؟ ____ قِطِّي.

(٤) مَنْ ____؟ ____ أُمِّي. (٨) مَنْ ____؟ ____ عَبّاسُ.

١١ لَوِّنْ (لَوِّنِي) هٰذا الْمَسْجِدَ :

اِسْمُ التِّلْمِيذِ / التِّلْمِيذَةِ :

____

التَّارِيخُ : ______________

(٥) تَمارِينُ الدَّرْسِ الْخامِسِ

١ رَتِّبْ (رَتِّبي) كُلَّ كَلِمَةٍ مِمَّا يَلِي تَرْتِيبًا مُناسِبًا :

[يا ○ أنا ○ إِلَىٰ ○ ذَهَبْتُ ○ أُسْتاذُ ○ ما ○ الْمَدْرَسَةِ ○ الْيَوْمَ.]

(١) ______________________

[خَرَجَتْ ○ مِنَ ○ أُمِّي ○ الدُّكَّانِ. ○ الْبَيْتِ ○ ذَهَبَتْ ○ وَ ○ إِلَىٰ]

(٢) ______________________

[قَلَمِي ○ عَلَىٰ ○ هُناكَ ○ كَذٰلِكَ. ○ وَ ○ الْمَكْتَبِ ○ دَفْتَرِي]

(٣) ______________________

[ذَهَبْتَ ○ ؟ ○ فاطِمَةُ ○ أَ ○ إِلَىٰ ○ نَعَمْ. ○ الْمَسْجِدِ]

(٤) ______________________

[أَيْنَ ○ خَدِيجَةُ ○ ذَهَبْتِ ○ أَمْسِ ○ ؟ ○ يا]

(٥) ______________________

[خَرَجَ ○ مِنَ ○ هِشامُ ○ السُّوقِ ○ الْمَلْعَبِ. ○ ذَهَبَ ○ إِلَىٰ ○ وَ]

(٦) ______________________

٢ ٱضْبِطْ (ٱضْبِطِي) أَوَاخِرَ الْكَلِماتِ فِيما يَلِي :

(١) أُمِّـــــــــي

(٢) ذَهَبَت مَرْيَم.

(٣) ذَهَب هِشَـــام.

(٤) خَدِيجَـــــــــة

(٥) مِن الْمَلْعَـــب

(٦) نَعَـــــــــم

(٧) إِلَىٰ الْمَسْجِـد

(٨) مُحَمَّـــــــد

(٩) خَرَج إِبْراهِيـم.

(١٠) أَنا ذَهَبْـــت.

(١١) فِي الدُّكَّـــان

(١٢) مِن الْبَيْـــت

٣ ٱمْـلَأْ (ٱمْلَئِـــي) كُــلَّ فَــراغٍ مِمَّـا يَلِـي

بِـ«ذَهَبْتَ»، أَوْ بِـ«ذَهَبْتِ»، أَوْ بِـ«ذَهَبْتُ» :

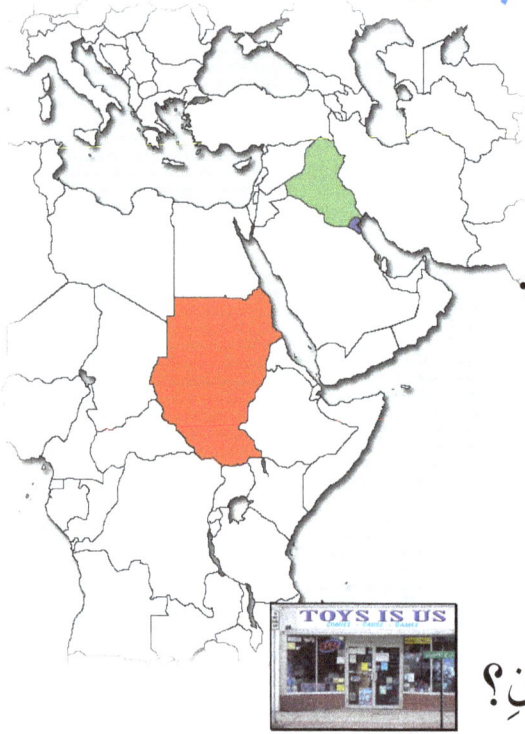

(١) أَـــــــــ إِلَىٰ السُّودانِ يا جَمالُ؟

(٢) أَنا ما ـــــــــ إِلَىٰ الْمَدْرَسَةِ أَمْسِ.

(٣) أَـــــــــ إِلَىٰ الْعِراقِ يا فاطِمَةُ؟

(٤) أَنا ـــــــــ إِلَىٰ الْكُوَيتِ.

(٥) يا زَيْنَبُ، مَتَىٰ ـــــــــ إِلَىٰ الدُّكّانِ؟

(٦) أَيْنَ ـــــــــ أَنْتَ يا هِشامُ، وَأَيْنَ ـــــــــ أَنْتِ يا آمِنَةُ؟

(٧) يا أُخْتِي، أَـــــــــ إِلَىٰ السُّوقِ؟ نَعَمْ، ـــــــــ الْيَوْمَ.

٤ اِجْعَلْ (اِجْعَلِي) كُلَّ كَلِمَةٍ مِمَّا يَلِي فِي جُمْلَةٍ مُفِيدَةٍ :

ذَهَبْتُ	(١) _____
خَرَجْتُ	(٢) _____
ذَهَبَتْ	(٣) _____
خَرَجَتْ	(٤) _____
فِي	(٥) _____
عَلَىٰ	(٦) _____
مِنْ	(٧) _____
إِلَىٰ	(٨) _____
كَذٰلِكَ	(٩) _____

٥ اِمْلَأْ (اِمْلَئِي) كُلَّ فَرَاغٍ مِمَّا يَلِي بِـ«ﻪُ/ﻪُ» أَوْ بِـ«ها/ـها» :

(١) أَيْنَ وِلْيَمُ، وَأَيْنَ دَرَّاجَتُ_____؟

(٢) أَيْنَ أُخْتِي يَا إِسْماعِيلُ؟ هِيَ هُناكَ. اُنْظُرِي، ذٰلِكَ كِتابُ_____.

(٣) خَرَجَ شَهْنَوازُ مِنَ السُّوقِ، وَخَرَجَ أَخُو_____ كَذٰلِكَ.

(٤) يَا مَرْيَمُ، مَنْ هٰذِهِ، وَمَنْ تِلْكَ؟ هٰذِهِ آمِنَةُ، وَتِلْكَ أُمُّ_____ :

٦ صَحِّحِ (صَحِّحِي) الْجُمَلَ الْآتِيَةَ :

(١) أُمِّي ذَهَبَتْ فِي الْمَدْرَسَةِ. ______________________

(٢) تِلْكَ أُخْتِي. بِنْتُهُ كَبِيرَةٌ. ______________________

(٣) ما ذَهَبَتْ الشَّيْخُ إِلَىٰ هُناكَ. ______________________

(٤) مَتَىٰ ذَهَبْتِ إِلَىٰ السُّوقِ يا أَخِي؟ ______________________

٧ أُدْخُلْ (أُدْخُلِي) مِنْ هُناكَ، وَٱخْرُجْ (وَٱخْرُجِي) مِنْ هُنا :

اَسْمُ التِّلْمِيذِ / التِّلْمِيذَةِ : ____________

التَّارِيخُ : ____________

(٦ • أ) تَمارِينُ الدَّرْسِ السَّادِسِ

١ أَضِفْ (أَضِيفِي) الِاسْمَ الْأَوَّلَ إِلَىٰ الثَّانِيْ كَما فِي الْمِثالِ :

بَيْتُ + الْمدرّسُ ⟸ بَيْتُ الْمدرّسِ

● كِتابُ + الْمُدَرِّسُ — هٰذا كِتابُ المدرّسِ.

(١) بِنْتُ + الْمُهَنْدِسُ ____________

(٢) بابُ + الْمَسْجِدُ ____________

(٣) قِطٌّ + الطَّبِيبُ ____________

(٤) مَدْرَسَةٌ + الْأُخْتُ ____________

٢ اِضْبِطْ (اِضْبِطِي) أَواخِرَ الْكَلِماتِ فِيما يَلِي :

(١) بَيْت الْمُدَرِّس

(٢) فاطِمَة ذَهَبَت.

(٣) إِلَىٰ الْمَسْجِد

(٤) غُرْفَة الْأُخْت

(٥) أَنْتِ ذَهَبْت.

(٦) عَلَىٰ السَّرِير

(٧) دَرَّاجَتها

(٨) قَلَم التِّلْمِيذ

(٩) باب الغُرْفَة

(١٠) أَخ

(١١) أَخُوه

(١٢) مِن الْمَدْرَسَة

٣ رَتِّبْ (رَتِّبِي) كُلَّ كَلِمَةٍ مِمَّا يَلِي تَرْتِيبًا مُناسِبًا :

[التّاجِرِ ○ دُكّانُ ○ دُكّانُهُ ○ أَيْنَ ○ هُناكَ. ○ ؟]

(١) ______

[سَرِيرُ ○ الْمُهَنْدِسِ ○ وَ ○ تِلْكَ ○ حَقِيبَةُ ○ الإِمامِ. ○ هٰذا]

(٢) ______

[الطَّبِيبِ ○ كَبِيرٌ. ○ وَ ○ الْمُدَرِّسِ ○ بَيْتُ ○ بَيْتُ ○ صَغِيرٌ]

(٣) ______

٤ اِجْعَلْ (اِجْعَلِي) كُلَّ تَرْكِيبٍ مِمَّا يَلِي فِي جُمْلَةٍ مُفِيدَةٍ :

بَيْتُ الْإِمامِ
سَيَّارَةُ الْمُدَرِّسِ
مَكْتَبُ التِّلْمِيذِ
ذَهَبْتُ إِلَىٰ

(١) ______

(٢) ______

(٣) ______

(٤) ______

٥ صَحِّحْ (صَحِّحِي) الْجُمْلَتَيْنِ الْآتِيَتَيْنِ :

(١) حَقِيبَةُ الطَّبِيبُ جَدِيدَةٌ. ______

(٢) كِتابُ الْمُدَرِّسَةِ عَلَىٰ الْمَكْتَبِ. ______

اَسْمُ التِّلْمِيذِ / التِّلْمِيذَةِ : ____________

التَّارِيخُ : ____________

(٦ • ب)

٦ أَضِفْ (أَضِيفِي) الِاسْمَ الْأَوَّلَ إِلَى الثَّانِي كَمَا فِي الْمِثَالِ :

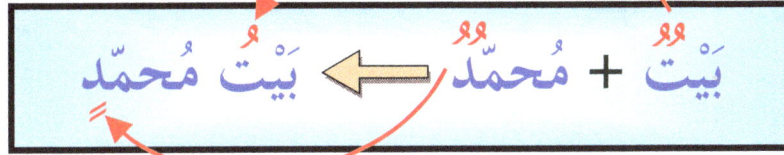

بَيْتٌ + مُحَمَّدٌ ⟵ بَيْتُ مُحَمَّدٍ

- كِتَابٌ + جَمَالٌ — كِتَابُ جَمَالٍ صَغِيرٌ.

(١) سَاعَةٌ + حَامِدٌ ____________

(٢) اِبْنٌ + بِلَالٌ ____________

(٣) دَفْتَرٌ + خَالِدٌ ____________

(٤) أُخْتٌ + عَبَّاسٌ ____________

٧ اِضْبِطْ (اِضْبِطِي) أَوَاخِرَ الْكَلِمَاتِ فِيمَا يَلِي :

(١) مِنْدِيل الدُّكْتُور

(٢) إِلَى الْبَيْت

(٣) دَرَّاجَة التِّلْمِيذ

(٤) أَنْتَ ذَهَبْت.

(٥) فِي الْبَيْت

(٦) أَنَا ذَهَبْت.

(٧) يَا هِشَام

(٨) أَخُو بِلَال

(٩) غُرْفَة عَبَّاس

(١٠) يَا إِسْمَاعِيل

(١١) فِي السَّيَّارَة

(١٢) اِسْم التِّلْمِيذ

٨ رَتِّبْ (رَتِّبِي) كُلَّ كَلِمَةٍ مِمَّا يَلِي تَرْتِيبًا مُناسِبًا :

[أَ ○ ساعَةُ ○ لا، ○ ساعَةُ ○ ؟ ○ كَمالٍ ○ تِلْكَ ○ تِلْكَ ○ حامِدٍ.]

(١) ____________________

[أَيْنَ ○ أَبُوهُ ○ فِي ○ الْغُرْفَةِ. ○ ؟ ○ أَبُو ○ بِلالٍ]

(٢) ____________________

[دَفْتَرُ ○ أَيْنَ ○ يا ○ ؟ ○ سُعادُ ○ هِشامٍ ○ ما ○ أَدْرِي.]

(٣) ____________________

٩ اِجْعَلْ (اِجْعَلِي) كُلَّ تَرْكِيبٍ مِمَّا يَلِي فِي جُمْلَةٍ مُفِيدَةٍ :

قَلَمُ عَبّاسٍ
دَرّاجَةُ كَمالٍ
كِتابُ هِشامٍ
خَرَجَتْ...مِنْ

(١) ____________________

(٢) ____________________

(٣) ____________________

(٤) ____________________

١٠ صَحِّحْ (صَحِّحِي) الْجُمْلَتَيْنِ الْآتِيَتَيْنِ :

(١) أَصَغِيرَةٌ ساعَةُ جَمالٍ؟ ____________________

(٢) يا أُسْتاذُ، أَخُ عَلِيٍّ هُناكَ. ____________________

اَسْمُ التِّلْمِيذِ / التِّلْمِيذَة :
____

التَّارِيخُ : ____________

(٦ • ج)

١١ أَضِفْ (أَضِيفِي) الْاَسْمَ الْأَوَّلَ إِلَىٰ الثَّانِيْ كَما فِي الْمِثالِ :

بَيْتٌ + مَنْ ← بَيْتُ مَنْ؟

- كِتـــابٌ + مَـــنْ ــــ كِتابُ مَنْ ذٰلِكَ؟

(١) دُكّـــانٌ + مَـــنْ ________________

(٢) دَرّاجَـــةٌ + مَـــنْ ________________

(٣) بِـنْـــتٌ + مَـــنْ ________________

(٤) أَبٌ (أَبُـو) + مَـــنْ ________________

١٢ اِضْبِطْ (اِضْبِطِي) أَواخِرَ الْكَلِماتِ فِيما يَلِي :

(١) دَرّاجَة حامِـد

(٢) إِلَىٰ مُحَمَّـــد

(٣) دَفْتَـر مَن هُنا؟

(٤) أَذَهَـبْـتَ أَنْت؟

(٥) مِن السَّـيّـــارَة

(٦) أَبُـو مَـن هُـو؟

(٧) أَنـا ما ذَهَـبْـت.

(٨) أَخُـو عَـبّـاس

(٩) دُكّـان التّـاجِـر

(١٠) أَذَهَـبْـتِ أَنْت؟

(١١) يـا بِـــلال

(١٢) بِنْت الطَّبِيب

١٣ رَتِّبْ (رَتِّبي) كُلَّ كَلِمَةٍ مِمَّا يَلِي تَرْتِيبًا مُناسِبًا :

[شَجَرَةُ ○ تِلْكَ ○ ؟ ○ مَنْ ○ هِيَ ○ شَجَرَةُ ○ الطَّبيبِ.]

(١) ________________________________

[فِي ○ الْغُرْفَةِ ○ كِتابي ○ السَّريرِ. ○ كِتابُكَ ○ وَ ○ عَلَىٰ]

(٢) ________________________________

[صَديقُ ○ حامِدٍ. ○ ؟ ○ صَديقُ ○ ذٰلِكَ ○ ذٰلِكَ ○ مَنْ]

(٣) ________________________________

١٤ اِجْعَلْ (اِجْعَلِي) كُلَّ تَرْكِيبٍ مِمَّا يَلِي فِي جُمْلَةٍ مُفِيدَةٍ :

أَبُو مَنْ...؟
ساعَةُ كَمالٍ
دَفْتَرُ مَنْ...؟
كِتابُ الْمُهَنْدِسِ

(١) ________________________________

(٢) ________________________________

(٣) ________________________________

(٤) ________________________________

١٥ صَحِّحِ (صَحِّحي) الْجُمْلَتَيْنِ الْآتِيَتَيْنِ :

(١) كُرَةُ مَنْ تِلْكَ؟ ________________

(٢) الْمِنْدِيلُ مَنْ عَلَىٰ الْمَكْتَبِ؟ ________________

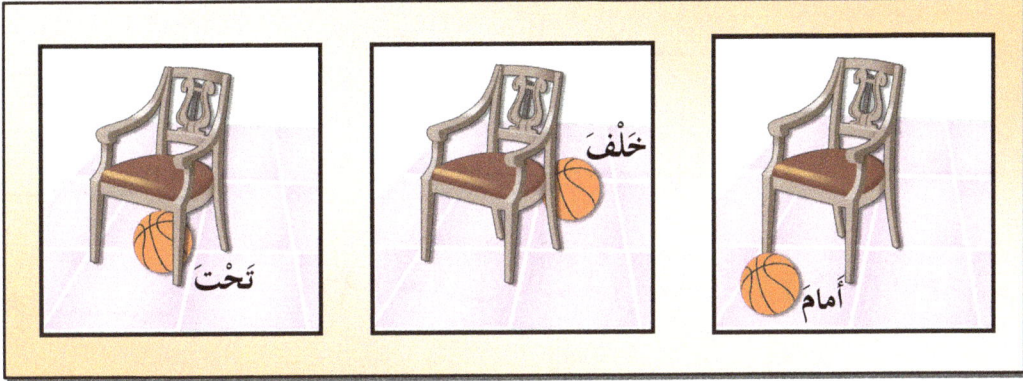

اَسْمُ التِّلْمِيذِ / التِّلْمِيذَةِ : ____________

التَّارِيخُ : ____________

١٦ أَضِفْ (أَضِيفِي) الِاسْمَ الْأَوَّلَ إِلَىٰ الثَّانِي كَما فِي الْمِثالِ :

الكرسيُّ : أَمامَ الكرسيِّ ◦ خَلْفَ الكرسيِّ ◦ تَحْتَ الكرسيِّ

● أنا + أَمامَ + الْمَسْجِدُ — أَنا أَمامَ الْمَسْجِدِ.

(١) كَمالٌ + أَمامَ + الْمَدْرَسَةُ ____________

(٢) مَنْ + خَلْفَ + الْبَيْتُ ____________

(٣) تَحْتَ + الْكُرْسِيُّ + قِطٌّ ____________

(٤) بِلالٌ + أَمامَ + السَّيّارَةُ ____________

(٥) خَلْفَ + الْمَسْجِدُ + دَرّاجَةٌ ____________

(٦) ماذا + تَحْتَ + الْمَكْتَبُ ____________

(٧) مَرْيَمُ + أَمامَ + الطَّبِيبَةُ ____________

١٧ اِضْبِطْ (اِضْبِطِي) أَواخِرَ الْكَلِماتِ فِيما يَلِي :

(١) بَيْت الْمُدَرِّس
(٢) سُعاد ذَهَبَت.
(٣) إِلَىٰ الْعِراق
(٤) أَمام هِشام
(٥) غُرْفَة الْأُخْت
(٦) أَنْتِ ذَهَبْت.
(٧) عَلَىٰ السَّرِير
(٨) كُرسِيّها
(٩) خَلْف الْمَدْرَسَة
(١٠) قَلَم التِّلْمِيذ
(١١) سَيَّارَتي
(١٢) أَب
(١٣) أَخُوها
(١٤) تَحْتَ الْمَكْتَب
(١٥) مِن الْمَدْرَسَة

١٨ رَتِّبْ (رَتِّبِي) كُلَّ كَلِمَةٍ مِمَّا يَلِي تَرْتِيبًا مُناسِبًا :

[أَيْنَ ○ الْمَدْرَسَةِ. ○ هُوَ ○ دُكَّانُ ○ خَلْفَ ○ التَّاجِرِ ○ ؟]

(١) ____________________

[كُرْسِيِّ ○ مُحَمَّدٍ ○ أَمامَ ○ خالِدٍ. ○ خَلْفَ ○ وَ ○ مَكْتَبِي]

(٢) ____________________

[ماذا ○ الْقِطُّ ○ تَحْتَ ○ الْكُرْسِيِّ ○ تَحْتَ ○ الْكُرْسِيِّ. ○ ؟]

(٣) ____________________

[بابُ ○ بابُ ○ وَ ○ الْمِرْحاضِ ○ مُغْلَقُ ○ مَفْتُوحُ. ○ الْغُرْفَةِ]

(٤) ____________________

١٩ ٱجْعَلْ (ٱجْعَلِي) كُلَّ كَلِمَةٍ مِمَّا يَلِي فِي جُمْلَةٍ مُفِيدَةٍ :

(١) ______	خَلْفَ
(٢) ______	أَمامَ الْمُدَرِّسِ
(٣) ______	مَفْتُوحٌ
(٤) ______	تَحْتَ السَّيّارَةِ
(٥) ______	أَمامَ
(٦) ______	خَرَجَتْ مِنْ
(٧) ______	ذَهَبَ إِلَىٰ
(٨) ______	جَلَسَتْ عَلَىٰ
(٩) ______	مُغْلَقٌ

٢٠ صَحِّحِ (صَحِّحِي) الْجُمَلَ الْآتِيَةَ :

(١) بابُ الْمَسْجِدِ مَفْتُوحَةٌ. ______

(٢) الْقِطُّ تَحْتَ السَّرِيرُ. ______

(٣) مَنْ هُناكَ أَمامَ الشَّيْخُ؟ ______

(٤) خَلْفَ الْبَيْتَ دَرَّاجَةٌ. ______

(٥) بابُ الْمَدْرَسَةِ مُغْلَقَةٌ. ______

٢١ أَجِبْ (أَجِيبِي) عَنِ الْأَسْئِلَةِ الْآتِيَةِ كَمَا فِي الْمِثَالِ :

● مَاذَا أَمَامَ الدَّرَّاجَةِ؟ __الْكُرَةُ أَمَامَ الدَّرَّاجَةِ.__

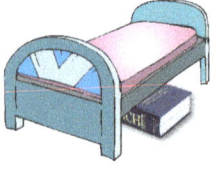

(١) مَاذَا تَحْتَ السَّرِيرِ؟ _____

(٢) مَاذَا أَمَامَ السَّيَّارَةِ؟ _____

(٣) مَاذَا تَحْتَ الشَّجَرَةِ؟ _____

(٤) مَاذَا فِي الْمَاءِ؟ _____

(٥) أَمُهَنْدِسٌ هٰذَا؟ _____

(٦) مَنْ جَلَسَ عَلَىٰ الْكُرْسِيِّ؟ _____

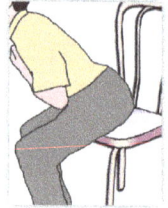

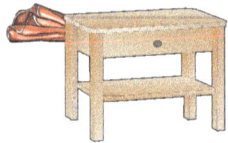

(٧) مَاذَا خَلْفَ الْمَكْتَبِ؟ _____

(٨) مَاذَا خَلْفَ الْمَسْجِدِ؟ _____

(٩) مَاذَا أَمَامَ الْكُرْسِيِّ؟ _____

(١٠) هٰذَا الْبَابُ، أَمُغْلَقٌ هُوَ؟ _____

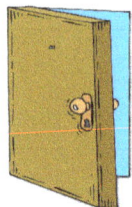

اَسْمُ التِّلْمِيذِ / التِّلْمِيذَةِ :

التَّارِيخُ :

(٦ • هـ)

٢٢ أَضِفْ (أَضِيفِي) الِاسْمَ الْأَوَّلَ إِلَى الثَّانِيْ كَمَا فِي الْمِثَالِ :

بَيْتُ الْمُدرسِ : مِنْ بيت الْمُدرس

مَكْتبُ حامدٍ : أمامَ مَكْتب حامد

- فِـي + كِـتابُ + حـامِـدٌ ——— فِي كِتابِ حامِدٍ

(١) أَمامَ + بَيْتٌ + الْإِمامُ

(٢) عَلَى + سَرِيرٌ + مُحَمَّدٌ

(٣) خَلْفَ + مَسْجِدٌ + الْمُهَنْدِسُ

(٤) مِنْ + غُرْفَةٌ + جَمالٌ

(٥) تَحْتَ + كُرْسِيٌّ + الْمُدَرِّسَةُ

(٦) إِلَى + مَدْرَسَةٌ + خالِدٌ

(٧) خَلْفَ + دُكّانٌ + التَّاجِرُ

(٨) فِي + مِرْحاضٌ + هِشامٌ

٢٣ رَتِّبْ (رَتِّبي) كُلَّ كَلِمَةٍ مِمَّا يَلِي تَرْتِيبًا مُناسِبًا :

[بَيْتِ ○ يا ○ ماذا ○ أَمامَ ○ أُسْتاذَةُ ○ الدُّكْتُورَةِ ○ ؟]

(١) ____________________

[ساعَةُ ○ ؟ ○ هِيَ ○ مُحَمَّدٍ ○ مَكْتَبِ ○ أَيْنَ ○ تَحْتَ ○ خالِدٍ.]

(٢) ____________________

[أَبُو ○ تاجِرٌ ○ وَ ○ أَخُوهُ ○ الْمُهَنْدِسِ ○ طَبِيبٌ.]

(٣) ____________________

[مَسْجِدُ ○ مَدْرَسَةِ ○ الْإِمامِ ○ خَلْفَ ○ حامِدٍ.]

(٤) ____________________

٢٤ صَحِّحْ (صَحِّحِي) الْجُمَلَ الْآتِيَةَ :

(١) خَدِيْجَةُ هُنا أَمامَ بَيْتُ هِشامٍ. ____________________

(٢) اِسْمِي مَرْيُمُ. أَنا مِنَ الْكُوَيْتِ. ____________________

(٣) خَلْفَ بَيْتِي شَجَرَةٌ كَبِيرٌ. ____________________

(٤) ماذا تَحْتَ سَيَّارَةِ كَمالٌ؟ ____________________

(٥) الْقَلَمُ فِي حَقِيبَةُ خالِدٍ. ____________________

٢٥ ٱجْعَلْ (ٱجْعَلِي) كُلَّ كَلِمَةٍ مِمَّا يَلِي فِي جُمْلَةٍ مُفِيدَةٍ :

خَلْفَ
فِي
أَمامَ
عَلَىٰ
مَفْتُوحٌ
تَحْتَ
الشَّجَرَة

(١) ______________________

(٢) ______________________

(٣) ______________________

(٤) ______________________

(٥) ______________________

(٦) ______________________

(٧) ______________________

٢٦ ٱمْلَأْ (ٱمْلَئِي) كُلَّ فَراغٍ فِيما يَلِي بِالْكَلِماتِ الْآتِيَةِ :

إِلَىٰ ◦ تَحْتَ ◦ فِي ◦ أَمامَ ◦ الْقِطُّ ◦ خَلْفَ ◦ جِدًّا ◦ مِن

(١) أَخَلْفَ السَّرِيرِ الْقِطُّ؟ لا، هُوَ ______ السَّرِيرِ.

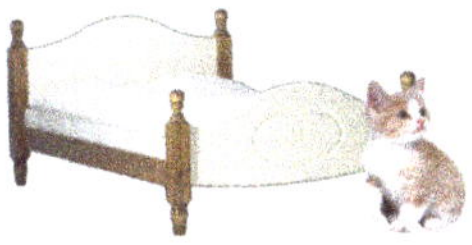

(٢) ذَهَبَتْ آمِنَةُ ______ بَيْتِ الْمُدَرِّسَةِ. بَيْتُها صَغِيرٌ ______.

(٣) ماذا تَحْتَ الدَّرَّاجَةِ؟ ______ها قِطٌّ. وَ______ جَمِيلٌ.

(٤) خَرَجَ الْمُهَنْدِسُ ______ الْمَسْجِدِ. هُوَ الْآنَ ______ الدُّكَّانِ.

(٥) أَيْنَ أَبُو هِشامٍ؟ أَأَمامَ الْمَدْرَسَةِ هُوَ؟ لا، هُوَ ______ها.

٢٧ ٱضْبِطْ (ٱضْبِطِي) أَواخِرَ الْكَلِماتِ كَما فِي الْمِثالِ :

● الْمِثالُ : مَتَىٰ ذَهَبَ خالِدٌ إِلَىٰ الْيَمَنِ؟ ذَهَبَ الْيَوْمَ.

(١) ماذا على السرير؟ القلم على السرير. هو صغير جدّا.

(٢) باب البيت مغلق. أمغلق باب المرحاض كذلك؟ ما أدري.

(٣) في الغرفة مكتب، وعلى المكتب قطّ. ماذا تحت القط؟

(٤) من هناك، وما ٱسمه؟ طبيب عليّ هناك، وٱسمه هشام.

(٥) يا تلميذ، أهلا وسهلا ومرحبا! أما ذهبت إلى المدرسة؟

(٦) يا بلال، تلك ممرضة كبيرة. ٱسمها فاطمة.

(٧) من أين أنت يا مريم؟ أنا من العراق، وصديقتي من اليمن.

(٨) يا أستاذ، ذلك منديل. المنديل جديد.

(٩) أين ذهب أبو التّاجر؟ ذهب أبوه إلى السودان أمس.

(١٠) جلست آمنة خلف بيت خالد. خالد تحت شجرة كبيرة.

(١١) متى ذهبت بنت الْإمام إلى اليمن؟ ذهبت اليوم.

(١٢) ماذا أمام المسجد؟ المدْرسة أمام المسجد.

اسْمُ التِّلْمِيذِ / التِّلْمِيذَةِ :

التَّارِيخُ :

(٧ • أ) تَمارِينُ الدَّرْسِ السَّابِعِ

١ كَوِّنْ (كَوِّنِي) جُمَلاً كَما فِي الْمِثالِ :

هٰذا مُدَرِّسٌ. ⟵ هٰذا الْمُدَرِّسُ مِنَ الْهِنْدِ.

● هٰذا ◦ كِتابٌ ◦ الْيابانُ

هٰذا الْكِتابُ مِنَ الْيابانِ.

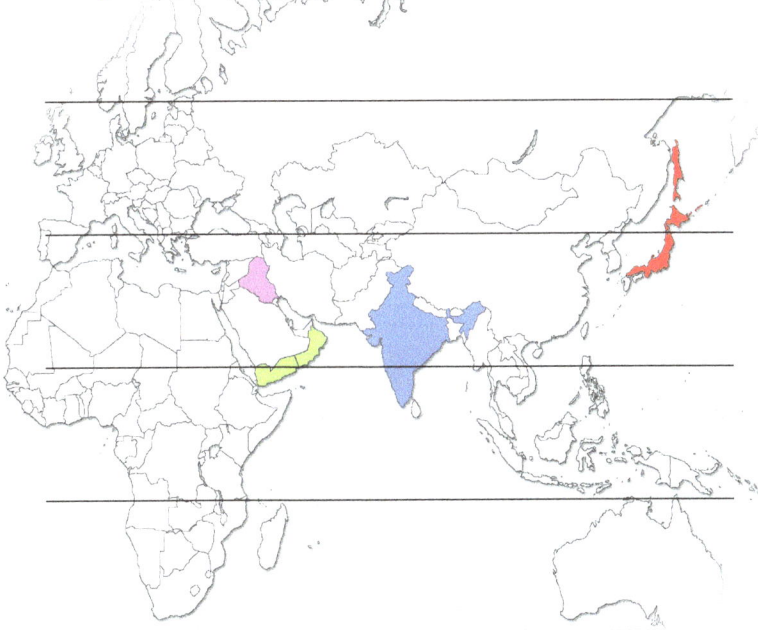

(١) هٰـذا ◦ مُهَنْدِسٌ ◦ الْعِراقُ

(٢) ذٰلِكَ ◦ مُدَرِّسٌ ◦ الْهِنْدُ

(٣) هٰـذِهِ ◦ طَبِيبَةٌ ◦ السُّودانُ

(٤) تِـلْكَ ◦ حَقِيبَةٌ ◦ الْيابانُ

(٥) هٰـذا ◦ قَلَمٌ ◦ الْعِراقُ

(٦) ذٰلِكَ ◦ قِطٌّ ◦ الْيَمَنُ

(٧) هٰـذِهِ ◦ مُمَرِّضَةٌ ◦ السُّودانُ

(٨) تِـلْكَ ◦ شَجَرَةٌ ◦ الْيابانُ

(٩) ذٰلِكَ ◦ بابٌ ◦ الْهِنْدُ

بُونْسَاي

٢ رَتِّبْ (رَتِّبي) كُلَّ كَلِمَةٍ مِمَّا يَلِي تَرْتِيبًا مُناسِبًا :

[تِلْكَ ○ مِنَ ○ الدَّرَّاجَةُ ○ الْكُوَيتِ.]

(١) ______

[يا ○ هٰذا ○ الْهِنْدِ ○ الْمُدَرِّسُ ○ مِنَ ○ جمالُ ○ أَ ○ ؟]

(٢) ______

[أَ ○ مِنَ ○ لا، ○ هُوَ ○ مِنَ ○ الْعِراقِ ○ الْمُهَنْدِسُ ○ ؟ ○ الْيَمَنِ.]

(٣) ______

[مِنْ ○ هُوَ ○ ؟ ○ أَيْنَ ○ مِنَ ○ ذٰلِكَ ○ الشَّيْخُ ○ السُّودانِ.]

(٤) ______

٣ صَحِّحِ (صَحِّحِي) الْجُمَلَ الْآتِيَةَ :

(١) هٰذِهِ طالِبَةٌ. طالِبَةٌ مِنَ الْهِنْدِ. ______

(٢) حَقِيبَةُ هِشامٍ جَدِيدٌ. ______

(٣) ذٰلِكَ الْمِنْدِيلُ مِنَ الْيابانُ. ______

(٤) أَدَرَّاجَتِي ذٰلِكَ؟ ______

(٥) دَفْتَرُ الْمُدَرِّسَةِ هُناكَ. ______

اَسْمُ التِّلْمِيذِ / التِّلْمِيذَةِ : ________________

التَّارِيخُ : ________________

(٧ • ب و ج)

٤ كَوِّنْ (كَوِّنِي) جُمَلاً كَما فِي الْمِثالِ :

هٰذِهِ كُرَةٌ. ⟸ الْكُرَةُ عَلَى الْمَكْتَبِ.

ذٰلِكَ كِتابٌ. ⟸ الْكِتابُ فِي الْحَقِيبَةِ.

• قَلَمٌ ◦ عَلَىٰ ◦ سَرِيرٌ الْقَلَمُ عَلَى السَّرِيرِ.

(١) دُكْتُورٌ ◦ فِي ◦ غُرْفَةٌ ________________

(٢) حَقِيبَةٌ ◦ عَلَىٰ ◦ كُرْسِيٌّ ________________

(٣) مُسْلِمَةٌ ◦ فِي ◦ بَيْتٌ ________________

(٤) مِنْدِيلٌ ◦ عَلَىٰ ◦ مَكْتَبٌ ________________

٥ صَحِّحْ (صَحِّحِي) الْجُمَلَ الآتِيَةَ :

(١) أَيْنَ الْكِتابُ؟ هُوَ عَلَىٰ السَّرِيرُ. ________________

(٢) تِلْكَ مُمَرِّضَةٌ. هُوَ فِي الْمَسْجِدِ. ________________

(٣) يا أُسْتاذُ، دُكَّانُ التَّاجِرَ نَظِيفٌ. ________________

٦ رَتِّبْ (رَتِّبِي) كُلَّ كَلِمَةٍ مِمَّا يَلِي تَرْتِيبًا مُناسِبًا :

[دَرَّاجَةُ ○ لِماذا ○ في ○ خالِدٍ ○ السَّيَّارَةِ؟!]

(١) ______

[تَحْتَ ○ وَ ○ تِلْكَ ○ أُمُّها ○ الطَّالِبَةُ ○ الْآنَ. ○ الشَّجَرَةِ]

(٢) ______

[الْحَمْدُ ○ الْماءُ ○ جِدًّا. ○ لِلَّهِ ○ بارِدٌ]

(٣) ______

٧ اِجْعَلْ (اِجْعَلِي) كُلَّ كَلِمَةٍ مِمَّا يَلِي فِي جُمْلَةٍ مُفِيدَةٍ :

هٰذا
هٰذِهِ
ذٰلِكَ
تِلْكَ

(١) ______

(٢) ______

(٣) ______

(٤) ______

٨ صَحِّحْ (صَحِّحِي) الْجُمْلَتَيْنِ الْآتِيَتَيْنِ :

(١) الطَّالِبَةُ فِي الدُّكَّانِ الآنَ. ______

(٢) السَّرِيرُ فِي الْغُرْفَةُ. ______

أَسْمُ التِّلْمِيذِ / التِّلْمِيذَةِ :

التَّارِيخُ :

٩ كَوِّنْ (كَوِّنِي) جُمَلاً كما فِي الْمِثالِ :

تِلْكَ طَبِيبَةٌ. ⟵ الطَّبِيبَةُ خَلْفَ الْبَيْتِ.

● غُرْفَةٌ ○ أَمامَ ○ مِرْحاضٌ — الْغُرْفَةُ أَمامَ الْمِرْحاضِ.

(١) دُكْتُورٌ ○ خَلْفَ ○ غُرْفَةٌ ______

(٢) حَقِيبَةٌ ○ تَحْتَ ○ مُحَمَّدٌ ______

(٣) بابٌ ○ أَمامَ ○ كُرْسِيٌّ ______

(٤) مُمَرِّضَةٌ ○ خَلْفَ ○ بِلالٌ ______

(٥) كِتابٌ ○ تَحْتَ ○ مَكْتَبٌ ______

(٦) مُهَنْدِسَةٌ ○ أَمامَ ○ عَلِيٌّ ______

(٧) دَرَّاجَةٌ ○ خَلْفَ ○ مَدْرَسَةٌ ______

(٨) قَلَمٌ ○ تَحْتَ ○ سَيَّارَةٌ ______

(٩) مِنْدِيلٌ ○ أَمامَ ○ عَبّاسٌ ______

١٠ اِمْلَأْ (اِمْلَئِي) الْفَراغاتِ بِالْكَلِماتِ الْآتِيَةِ :

مُدَرِّسُ ○ مُدَرِّسٌ ○ مُدَرِّسِ ○ الْمُدَرِّسُ ○ الْمُدَرِّسِ ○ مُدَرِّسِي

(١) يا عائِشَةُ، مَنْ ذٰلِكَ؟ ذٰلِكَ مُدَرِّسٌ. ______ مِنَ الْيَمَنِ.

(٢) خَرَجْتُ مِنْ بَيْتِ ______ وَذَهَبْتُ إِلَىٰ بَيْتِ الْمُهَنْدِسِ.

(٣) مِنْ أَيْنَ ______ خالِدٍ؟ هُوَ مِنَ السُّودانِ، وَاسْمُهُ شَهْنَوازُ.

(٤) فِي الْمَدْرَسَةِ ______ جَدِيدٌ، وَمُهَنْدِسٌ قَدِيمٌ.

(٥) طَبِيبِي أَمامَ الْبَيْتِ، وَ______ أَمامَ الْبَيْتِ كَذٰلِكَ.

(٦) مَنْ جَلَسَ خَلْفَ مُدَرِّسِ هِشامٍ؟ جَلَسَ إِدْوَرْدُ خَلْفَ ______ هِشامٍ.

١١ اِجْعَلْ (اِجْعَلِي) كُلَّ كَلِمَةٍ مِمَّا يَلِي فِي جُمْلَةٍ مُفِيدَةٍ :

(١) ______ أَمامَ

(٢) ______ خَلْفَ

(٣) ______ مِن

(٤) ______ فِي

(٥) ______ تَحْتَ

(٦) ______ عَلَىٰ

اسْمُ التِّلْميذِ / التِّلْميذَةِ : ________

التّاريخُ : ________

(٧ • هـ)

١٢ كَوِّنْ (كَوِّني) جُمَلاً كَما في الْمِثالِ :

على مَكْتَبِ الْمُدرِّسِ ◦ خَلْفَ وَلَدِ عبّاسٍ ◦ إلىٰ بِنْتِ الإِمامِ

• كُرَةٌ ◦ فِي ◦ غُرْفَةٌ ◦ مُدَرِّسٌ — الْكُرَةُ فِي غُرْفَةِ الْمُدَرِّسِ.

(١) سَرِيرٌ ◦ أَمامَ ◦ قِطٌّ ◦ مُهَنْدِسٌ ________

(٢) إِدْوَرْدُ ◦ عَلَىٰ ◦ كُرْسِيٌّ ◦ هِشامٌ ________

(٣) أَخٌ ◦ تَحْتَ ◦ شَجَرَةٌ ◦ مَسْجِدٌ ________

(٤) خَرَجْتُ ◦ مِنْ ◦ مَدْرَسَةٌ ◦ طالِبَةٌ ________

(٥) إِمامٌ ◦ خَلْفَ ◦ دُكّانٌ ◦ تاجِرٌ ________

(٦) أَ ◦ ذَهَبْتَ ◦ إِلَىٰ ◦ بَيْتٌ ◦ جَمالٌ ________

(٧) مِرْحاضٌ ◦ أَمامَ ◦ غُرْفَةٌ ◦ مُحَمَّدٌ ________

(٨) كُرَةٌ ◦ فِي ◦ سَيّارَةٌ ◦ مُمَرِّضٌ ________

(٩) أَنا ◦ الْآنَ ◦ تَحْتَ ◦ سَرِيرٌ ◦ عَلِيٌّ ________

١٣ اِمْلأْ (اِمْلَئِي) الْفَراغاتِ بالْكَلِماتِ الْآتِيَةِ :

كُرَةٌ ◦ الْهِنْدِ ◦ طالِبَةٌ ◦ سُعادُ ◦ بِلالٍ ◦ مُغْلَقٌ ◦ الْمَرِيضُ ◦ ذَهَبَتْ

(١) أَمِنَ الْيابانِ ذٰلِكَ ________؟ لا، هُوَ مِنَ ________.

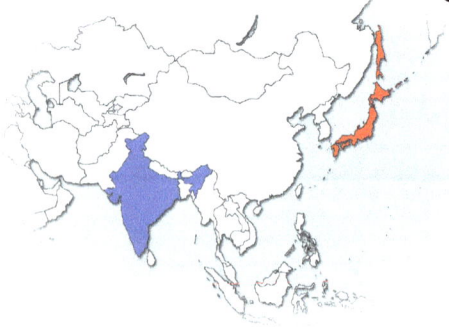

(٢) عائِشَةُ ________ فِي تِلْكَ الْمَدْرَسَةِ.

(٣) لِماذا بابُ الْبَيْتِ ________؟ ما أَدْرِي.

(٤) خَرَجَتْ ________ مِنَ الْمِرْحاضِ، وَ________ إِلَى الْغُرْفَةِ.

(٥) ________ ________ تَحْتَ الشَّجَرَةِ.

١٤ اِجْعَلْ (اِجْعَلِي) كُلَّ كَلِمَةٍ مِمَّا يَلِي فِي جُمْلَةٍ مُفِيدَةٍ :

(١) ________________ لِماذا...؟

(٢) ________________ كُرَةٌ

(٣) ________________ طالِبَةٌ

(٤) ________________ بابٌ

(٥) ________________ مَرِيضٌ

(٦) ________________ مِنْ

(٧) ________________ طالِبٌ

اَسْمُ التِّلْمِيذِ / التِّلْمِيذَةِ :

التَّارِيخُ :

(٨) تَمارِينُ الدَّرْسِ الثَّامِنِ

١ كَوِّنْ (كَوِّنِي) جُمَلاً كَما فِي الْمِثالَيْنِ :

ذٰلِكَ ○ مِنْدِيلٌ ○ هِشامٌ ← ذٰلِكَ الْمِنْدِيلُ لِهِشامٍ.

هٰذِهِ ○ شَجَرَةٌ ○ الْإِمامُ ← هٰذِهِ الشَّجَرَةُ لِلإِمامِ.

(١) هٰذا ○ قَلَمٌ ○ حامِدٌ

(٢) هٰذِهِ ○ سَيَّارَةٌ ○ الْمُهَنْدِسُ[1]

(٣) ذٰلِكَ ○ مَكْتَبٌ ○ الدُّكْتُورُ

(٤) تِلْكَ ○ ساعَةٌ ○ جَمالٌ

(٥) ذٰلِكَ ○ مَسْجِدٌ ○ عَبَّاسٌ

(٦) هٰذا ○ مِفْتاحٌ ○ الْمَسْجِدُ

(٧) هٰذِهِ ○ بِنْتٌ ○ الْإِمامُ

(٨) ذٰلِكَ ○ بَيْتٌ ○ كَمالٌ

(٩) تِلْكَ ○ دَرَّاجَةٌ ○ الْمُدَرِّسَةُ

---

[1] لِـ + الْـ ← لِلْـ مِثالُهُ : لِـ + الْمُهَنْدِسُ ← لِلْمُهَنْدِسِ. (وهذا خَطَأٌ : لالْمُهَنْدِسِ)

٢ ٱضْبِطْ (ٱضْبِطِي) أَواخِرَ الْكَلِماتِ :

(١) بَيْت عَلِــــيّ
(٢) مِن بَيْت مُحَمَّد
(٣) آمِنَة ما خَرَجت.
(٤) يا هِشَـــــام
(٥) هٰذا مِنْدِيـــل.
(٦) مِنْدِيـل خالــد
(٧) سَيَّارَة الدُّكْتُور
(٨) عَلَىٰ مِنْدِيل كَمال
(٩) عَلَى السَّرِيـــر
(١٠) كِتـابُ آخَـر
(١١) أَهْـلا وَسَهْـلا.
(١٢) أَخُـو خالِــد
(١٣) أَنْتَ ذَهَـبْـت.
(١٤) فِي الْمـــاء
(١٥) ٱسْـمــهــا

٣ ٱمْلَأْ (ٱمْلَئِي) كُلَّ فَراغٍ مِمَّا يَلِي بِـ«ـهُ» أَوْ بِـ«ها» :

(١) هٰـذِهِ سَيّارَةُ بِلالٍ، وَتِلْكَ دَرَّاجَتُـ_____.

(٢) لِمَنْ ذٰلِكَ الْمِفْتاحُ؟ أَظُنُّ أَنَّـ_____ لِلْمُهَنْدِسِ الْجَدِيدِ.

(٣) مَدْرَسَتِي، بابُـ_____ كَبِيرٌ، وَبَيْتِي، بابُـ_____ صَغِيرٌ.

٤ ٱمْلَأْ (ٱمْلَئِي) كُلَّ فَراغٍ مِمَّا يَلِي بِـ«ذٰلِكَ» أَوْ بِـ«تِلْكَ» :

(١) _____ مِفْتاحُ السَّيَّارَةِ.
(٢) _____ تاجِـرٌ.

(٣) أَمُمَرِّضَةٌ _____؟ نَعَم.
(٤) _____ طَبِيبَةٌ جَمِيلَةٌ.
(٥) لِمَنْ _____ السَّرِيرُ؟

(٦) _____ طالِبَةٌ صَغِيرَةٌ.

٥ رَتِّبْ (رَتِّبِي) كُلَّ كَلِمَةٍ مِمَّا يَلِي تَرْتِيبًا مُناسِبًا :

[يا ○ أَظُنُّ أَنَّنِي ○ مَرِيضَةٌ. ○ شَيْخُ]

(١) ______________________________

[هٰذا ○ لِمُحَمَّدٍ ○ الدَّرَّاجَةُ ○ لِهِشامٍ. ○ الْكِتابُ ○ وَ ○ تِلْكَ]

(٢) ______________________________

[مِنْ ○ أَظُنُّ أَنَّهُ ○ مِــنَ ○ الْفِلِبِّيــنِ. ○ ؟ ○ أَيْنَ ○ عَبَّاسُ]

(٣) ______________________________

[أَ ○ لا، ○ ؟ ○ ذٰلِكَ ○ طالِبٌ ○ ذٰلِكَ ○ مُدَرِّسٌ.]

(٤) ______________________________

٦ صَحِّحْ (صَحِّحِي) الْجُمَلَ الْآتِيَةَ :

(١) لِمَنْ هٰـذا الْحَقِيبَةُ؟ ______________________________

(٢) ذٰلِكَ الْبَيْتُ لاَلْمُدَرِّسِ. ______________________________

(٣) فاطِمَةُ تِلْمِيذٌ مِنْ مالِيزِيا. ______________________________

(٤) يا أُسْتاذَةُ، أَظُنُّ أَنَّنِي مَرِيضٌ. ______________________________

(٥) أَلْخالِدُ هٰـذِهِ الشَّجَرَةُ؟ نَعَمْ. ______________________________

٧ أَجِبْ (أَجِيبِي) عَنِ الْأَسْئِلَةِ الْآتِيَةِ بِـ«فِي» أَوْ بِـ«عَلَىٰ» :

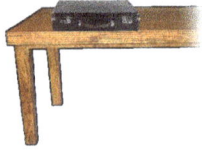

● ماذا عَلَىٰ الْمَكْتَبِ؟ الْحَقِيبَةُ عَلَىٰ الْمَكْتَبِ.[٢]

(١) ماذا خَلْفَ الْمَسْجِدِ؟ ______________________

(٢) ماذا تَحْتَ الدَّرَّاجَةِ؟ ______________________

(٣) ماذا فِي الْماءِ؟ ______________________

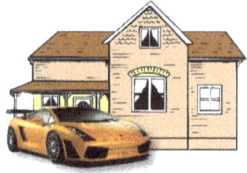

(٤) ماذا أَمامَ بَيْتِ عَلِيٍّ؟ ______________________

(٥) ماذا عَلَىٰ الْمِفْتاحِ؟! ______________________

(٦) ماذا تَحْتَ الْكُرْسِيِّ؟ ______________________

(٧) ماذا أَمامَ الْمَدْرَسَةِ؟ ______________________

(٨) ماذا عَلَىٰ الْمَكْتَبِ؟ ______________________

(٩) ماذا فِي السَّماءِ؟ ______________________

(١٠) مَنْ خَلْفَ الطَّبِيبِ؟ ______________________

[٢] ✓ الْحَقيبةُ على الْمَكتبِ. ✓ على الْمَكتبِ حَقيبةٌ. ✗ حَقيبةٌ على الْمَكتبِ.

٨ ٱجْعَلْ (ٱجْعَلِي) كُلَّ كَلِمَةٍ مِمَّا يَلِي فِي جُمْلَةٍ مُفِيدَةٍ :

كَذَٰلِكَ
أَظُنُّ أَنَّها
مِفْتاح
الْفِلِبِّيْن
طَوِيل
أَظُنُّ أَنَّهُ

(١) ________________

(٢) ________________

(٣) ________________

(٤) ________________

(٥) ________________

(٦) ________________

٩ ٱمْلَأْ (ٱمْلَئِي) كُلَّ فَراغٍ بِـ«خَرَجَ»، أَوْ «خَرَجَتْ»، أَوْ «خَرَجْتُ» أَوْ «خَرَجْتَ» أَوْ «خَرَجْتِ» :

(١) يا أَخِي، مَتَىٰ ________ مِن بَيْتِ خالِدٍ؟ ________ أَمْسِ.

(٢) يا أَبِي، لِماذا ما ________ فاطِمَةُ مِنَ السُّوقِ؟ ما أَدْرِي.

(٣) ذَهَبَ إِسْماعِيلُ إِلَىٰ الْمَسْجِدِ وَما ________. أَظُنُّ أَنَّهُ مَرِيضٌ.

(٤) أَنا ________ مِنْ دُكّانِ التّاجِرِ. أَلَهُ دُكّانٌ آخَرُ؟

(٥) أَ________ مِنَ الْمَدْرَسَةِ يا مَرْيَمُ؟ نَعَمْ. وَهِيَ كَبِيرَةٌ جِدًّا.

(٦) أَ________ مِنَ الْمِرْحاضِ يا هِشامُ؟

١٠ صَحِّحِ (صَحِّحِي) الْجُمَلَ الْآتِيَةَ :

(١) يا أُسْتاذُ، أَأَبُ جمالٍ ذٰلِكَ؟ ______

(٢) ذَهَبَ زَيْنَبُ إِلَىٰ اليابانِ. ______

(٣) أَيْنَ ذَهَبْتِ يا أَبي؟ ______

(٤) أَيْنَ ذَهَبْتَ يا مَرْيَمُ؟ ______

(٥) الْكِتابُ الْمُدَرِّسَةِ هُناكَ. ______

(٦) مَتىٰ خَرَجْتَ يا خَدِيجَةُ؟ ______

١١ صِلْ (صِلِي) بَيْنَ الْجُمَلِ وَالصُّوَرِ :

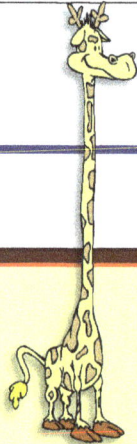

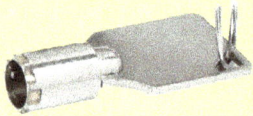

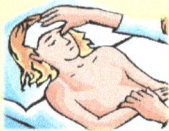

الطَّالِبُ مَرِيضٌ.

مِفْتاحُ الْبَيْتِ قَدِيمٌ.

ما هٰذا؟ أَنا ما أَدْرِي!

هٰذا طَوِيلٌ جِدًّا!

مِفْتاحُ الْغُرْفَةِ جَدِيدٌ.

اَسْمُ التِّلْمِيذِ / التِّلْمِيذَةِ :

التَّارِيخُ :

(٩) تَمَارِينُ الدَّرْسِ التَّاسِعِ

١ اِقْرَأْ (اِقْرَئِي) كُلَّ جُمْلَةٍ مِمّا يَلِي، ثُمَّ اَضْبِطْها (اَضْبِطِيها) :

الدَّفْتَرُ علىٰ ذلك السريرِ. ○ في هذه الغرفةِ طالبٌ مريضٌ.
سيّارةُ هذا المدرّسِ جميلةٌ. ○ أمامَ تلك الحقيبةِ دفترٌ.

(١) دكّان ذلك التاجر صغير. وللتّاجر دكّان آخر كبير.

(٢) يا أستاذ، مَن في هذا الملعب؟ ما أدري.

(٣) تحت تلك السيارة قلم وكتاب.

(٤) ما شاء الله! أبو ذلك الطالب إمام هذا المسجد.

(٥) هذا قلم. القلم على المكتب، والمكتب جديد ونظيف.

(٦) ما هذه، وما ذلك؟ هذه حقيبة الطبيبة، وذلك قلم عبّاس.

(٧) المنديل خلف تلك الشجرة. هو لذلك التلميذ.

(٨) أمن اليابان هذه الطالبة؟ لا، هي من الهند، وٱسمها عائشة.

(٩) جلست فاطمة في هذه الغرفة أمام الباب.

(١٠) لمن هذه السيارة؟ أظنّ أنها لِمدرس هذه المدْرسة.

٢ اِمْلَأْ (اِمْلَئِي) كُلَّ فَراغٍ بِـ«خَـرَجَ»، أَوْ «خَـرَجَتْ»، أَوْ «خَـرَجْتُ» أَوْ «خَـرَجْتَ» أَوْ «خَـرَجْتِ» :

(١) يا وِلْيَمُ، مَتَىٰ ______ مِنْ بَيْتِ خالِـدٍ؟ ______ الْآنَ.

(٢) يا سُعادُ، ما ______ أُمُّ عَبّاسٍ مِنَ السُّوقِ. لِماذا؟

(٣) ذَهَبَ إِبْراهِيمُ إِلَىٰ الْمِرْحاضِ وَما ______. أَظُنُّ أَنَّهُ مَرِيضٌ.

(٤) أَنـا ______ مِنْ دُكّانِ الشَّـيْخِ عَلِـيٍّ وَذَهَـبْتُ إِلَىٰ الْمَلْعَبِ.

(٥) أَ______ مِنْ تِلْكَ الْغُرْفَةِ يا مَرْيَمُ؟ نَعَمْ.

(٦) يا شَـهْـنَـوازُ، أَ______ مِنْ بَـيْـتِكَ لِصَلاةِ الْمَغْرِبِ؟ نَعَمْ.

٣ ما هٰـذا؟ / ما هٰـذِهِ؟

(١) ______

(٢) ______

(٣) ______

(٤) ______

(٥) ______

(٦) ______

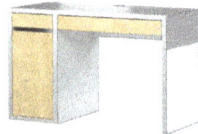

(٧) ______

(٨) ______

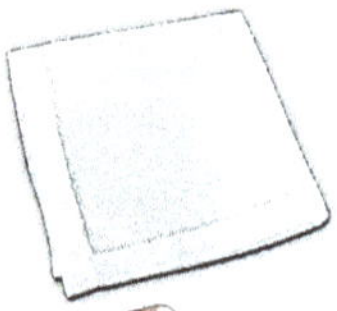

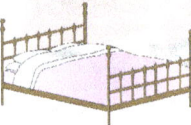

(٩) ______

(١٠) ______

٤ اِمْلَأْ (اِمْلَئِي) كُلَّ فَرَاغٍ مِمَّا يَلِي بِالْكَلِمَاتِ الْآتِيَةِ :

إِلَى ○ آخَرُ ○ مِنَ ○ أَبُو ○ أَظُنُّ ○ فِي ○ أَنَّها ○ عَلَى

(١) أَيْنَ كِتَابُ بِلَالٍ؟ مَا أَدْرِي. _____ أَنَّهُ _____ السَّرِيرِ.

(٢) كَمَالٌ وَ _____ تِلْكَ الطَّالِبَةِ _____ الْمَسْجِدِ الْآنَ.

(٣) فِي الْغُرْفَةِ طَالِبٌ _____ الْعِرَاقِ ، وَ _____ مِنَ السُّودَانِ.

(٤) أَيْنَ ذَهَبَتْ أُمُّ حَامِدٍ؟ أَظُنُّ _____ ذَهَبَتْ _____ الدُّكَّانِ.

٥ رَتِّبْ (رَتِّبِي) كُلَّ كَلِمَةٍ مِمَّا يَلِي تَرْتِيبًا مُنَاسِبًا :

[عَلَى ○ وَ ○ مُغْلَقٌ. ○ مَفْتُوحٌ ○ دَفْتَرٌ ○ الْمَكْتَبِ ○ آخَرُ]

(١) _____

[يَا ○ دَرَّاجَتُكَ ○ أَيْنَ ○ مِنَ ○ إِسْماعِيلُ ○؟]

(٢) _____

[مِنْ ○ أَيْنَ ○ الْيَابَانِ. ○ تِلْكَ ○ مِنَ ○ الْأُمُّ ○ هِيَ ○؟]

(٣) _____

[لِـ ○ ـلِ ○ ذَلِكَ ○ عَلِيٍّ ○ الْبَيْتُ ○؟ ○ مَنْ ○ أَظُنُّ أَنَّهُ]

(٤) _____

٦ اِجْعَلْ (اِجْعَلِي) كُلَّ كَلِمَةٍ مِمَّا يَلِي فِي جُمْلَةٍ مُفِيدَةٍ :

هٰذا
أَظُنُّ أَنَّهُ
ما أَدْرِي
آخَرُ
أَظُنُّ أَنَّها
لِـ

(١) ______________________

(٢) ______________________

(٣) ______________________

(٤) ______________________

(٥) ______________________

(٦) ______________________

٧ أَجِبْ (أَجِيْبِي) عَنْ كُلِّ سُؤَالٍ بِـ«لا، ما ذَهَبَ إِلَىٰ...» أَوْ «لا، ما ذَهَبَتْ إِلَىٰ...» أَوْ «لا، ما خَرَجَ مِن...» أَوْ «لا، ما خَرَجَتْ مِن...» :

(١) أَخَرَجَتْ فاطِمَةُ مِنَ الْمَدْرَسَةِ؟ ______________________

(٢) أَذَهَبَ وِلْيمُ إِلَىٰ الْمَلْعَبِ؟ ______________________

(٣) أَخَرَجَ أَبُوكَ مِنَ السُّوقِ؟ ______________________

(٤) أَذَهَبَتْ أُمُّ عَبَّاسٍ إِلَىٰ الدُّكَّانِ؟ ______________________

(٥) أَخَرَجَتْ أُخْتِي مِنَ الْغُرْفَةِ؟ ______________________

(٦) أَذَهَبَتْ الدُّكْتُورَةُ إِلَىٰ هُناكَ؟ ______________________

٨ اِمْلَأْ (اِمْلَئِي) كُلَّ فَراغٍ مِمّا يَلِي بِـ«هُوَ» أَوْ بِـ«هِيَ» :

(١) عَلَىٰ مَكْتَبِ ذٰلِكَ الدُّكْتُورِ دَفْتَرٌ. ـــــــ مِنَ الْيابانِ.

(٢) مَنْ مِنَ الْهِنْدِ؟ مَرْيَمُ مِنَ الْهِنْدِ. ـــــــ وَأُخْتُها فِي مَدْرَسَتِي.

(٣) هٰذِهِ أُمُّ الطّالِبَةِ الْجَدِيدَةِ. اِسْمُها سُعادُ وَـــــــ مِنَ السُّودانِ.

(٤) اِسْمِي هِشامٌ، وَصَدِيقِي اِسْمُهُ إِبْراهِيمُ. أَنا وَـــــــ مِنَ الْعِراقِ.

٩ صَحِّحْ (صَحِّحِي) الْجُمَلَ الْآتِيَةَ :

(١) ذَهَبَ الطَّبِيبَةُ إِلَىٰ الْيَمَنِ. ـــــــــــــــــــــــــــــــ

(٢) أَذَهَبَ إِدْوَرْدُ مِنَ الْمَدْرَسَةِ؟ ـــــــــــــــــــــــــــــــ

(٣) يا أُمِّي، أَمَرِيضٌ أَنْتِ؟ ـــــــــــــــــــــــــــــــ

(٤) مِنْدِيلِي قَدِيمٌ جِدًّا. ـــــــــــــــــــــــــــــــ

(٥) أُخْتُ هٰذِهِ الطّالِب مَرِيضَةٌ. ـــــــــــــــــــــــــــــــ

(٦) أَمامَ الْبَيْتِ شَجَرَةٌ كَبِيرٌ. ـــــــــــــــــــــــــــــــ

(٧) بابُ تِلْكَ الْمَدْرَسَةِ مُغْلَقَةٌ. ـــــــــــــــــــــــــــــــ

(٨) سُعادُ أَنا. أَنْتِ مَنْ؟ ـــــــــــــــــــــــــــــــ

(٩) أَخُ مُحَمَّدٍ تاجِرٌ. ـــــــــــــــــــــــــــــــ

١٠ اِمْلَأْ (اِمْلَئِي) كُلَّ فَراغٍ فِيما يَلِي بِـ«هُ/ـهُ» أَوْ بِـ«ـها/ها» :

(١) ما شاءَ اللّٰهُ! مِفْتاحُ الطّالِبِ كَبِيرٌ، وَحَقِيبَتُـــــ صَغِيرَةٌ.

(٢) مَنْ فِي بَيْتِ عَبّاسٍ الْآنَ؟ ما أَدْرِي. أَظُنُّ أَنَّـــــ دُكْتُورٌ.

(٣) هٰذِهِ الْمُمَرِّضَةُ مِنَ الْكُوَيْتِ. أَخُوـــــ مَرِيضٌ جِدًّا.

(٤) ما اسْمُ تِلْكَ الْمُهَنْدِسَةِ؟ اِسْمُـــــ خَدِيجَةُ.

(٥) خالِدٌ مِنْ مالِيزِيا، وَأُمُّـــــ مِنَ الْفِلِبِّينِ.

١١ لَوِّنْ (لَوِّنِي) هٰذِهِ الْخَرِيطَةَ :

اَسْمُ التِّلْمِيذِ / التِّلْمِيذَةِ : ____________

التَّارِيخُ : ____________

(١٠) تَمارِينُ الدَّرْسِ الْعَاشِرِ

١ اِقْرَأْ (اِقْرَئِي) ما يَلِي، ثُمَّ أَجِبْ (أَجِيبِي) عَنِ الْأَسْئِلَةِ :

- مَنْ أَنْتَ يا أَخِي؟
- أَنا اَبْنُ الشَّيْخِ جَمالٍ.
- وما اَسْمُكَ يا أَخِي؟
- اَسْمِي يَعْقُوبُ.
- الشَّيْخُ جَمالٌ، أَيْنَ هُوَ؟
- ذَهَبَ إِلَى السُّودانِ.

- مَعَ مَنْ ذَهَبَ؟
- ذَهَبَ مَعَ الْإِمامِ عارِفٍ.
- وَما هٰذِهِ؟

- هٰذِهِ هَدِيَّةٌ مِنْ أَبِي.
- مِنْ أَيْنَ هٰذِهِ الْهَدِيَّةُ؟
- هِيَ مِنَ الْيَمَنِ.

(١) أَيْنَ ذَهَبَ الشَّيْخُ جَمالٌ؟ ____________

(٢) ما اَسْمُ اَبْنِ الشَّيْخِ جَمالٍ؟ ____________

(٣) مَعَ مَنْ ذَهَبَ أَبُوهُ إِلَى السُّودانِ؟ ____________

(٤) ما اَسْمُ الْإِمامِ؟ ____________

(٥) مِنْ أَيْنَ الْهَدِيَّةُ؟ ____________

٢ رَتِّبْ (رَتِّبي) كُلَّ كَلِمَةٍ مِمَّا يَلِي تَرْتِيبًا مُناسِبًا :

[خلْفَ ○ الْمُصْحفِ ○ رِسالَةُ ○ مَكْسُورَةٌ. ○ وَ ○ نَظَّارَةُ]

(١) ____________________

[خرَجتْ ○ مَعَ ○ مِنَ ○ الْمُهَنْدِسَةُ ○ الْمُمَرِّضَةِ. ○ الْمَدْرَسَةِ]

(٢) ____________________

[ما ○ تِلْكَ ○ أَجْمَلَ ○ أَ ○ مِنَ ○ الْيَمَنِ ○ الْهَدِيَّةَ! ○ هِيَ؟]

(٣) ____________________

[لِلدُّكْتُورِ ○ قُلْ ○ أَنا ○ مُمَرِّضُ ○ مَرِيضٌ ○ جِدًّا. ○ يا]

(٤) ____________________

٣ اِجْعَلْ (اِجْعَلِي) كُلَّ كَلِمَةٍ مِمَّا يَلِي فِي جُمْلَةٍ مُفِيدَةٍ :

مُصْحَف
مَعَ
هاتِ
مِفْتاح
أَظُنُّ أَنَّهُ
كَيْفَ

(١) ____________________

(٢) ____________________

(٣) ____________________

(٤) ____________________

(٥) ____________________

(٦) ____________________

٤ نادِ (نادِي) الْأَسْمـاءَ الْآتِيَةَ كَما فِي الْمِثالِ :

● عبّاسٌ : يا عَبّاسُ

(١) هِشامٌ : ________

(٢) شَهْنَوازُ : ________

(٣) خَدِيجَةُ : ________

(٤) إِسْماعِيلُ : ________

(٥) أُسْتاذَةٌ : ________

(٦) يَعْقُوبُ : ________

(٧) عارِفٌ : ________

(٨) إِدْوَرْدُ : ________

(٩) أُخْتِي : ________

٥ اِمْلَأْ (اِمْلَئِي) الْفَراغاتِ بِالْكَلِماتِ الْآتِيَةِ :

رَحْمَةُ ◦ الْمُصْحَفَ ◦ هاتِي ◦ هاتِ ◦ مَعَ ◦ أَذانُ ◦ عِنْدِي ◦ نَظّارَةٌ

(١) ما ذٰلِكَ يا عائِشَةُ؟ ما أَدْرِي، أَظُنُّ أَنَّهُ ________ الْمَغْرِبِ.

(٢) قُلْ لِلْإِمامِ : السَّلامُ عَلَيْكُمْ وَ________ اللهِ. أَنا مَسْرُورٌ بِالْقَهْوَةِ.

(٣) يا أُمِّي، ________ الْخُبْزَ وَالشّايَ. هُوَ هُناكَ.

(٤) ما أَجْمَلَ ________ ! هُوَ مِنَ الْيَمَنِ. ________ آخَرُ مِنَ الْكُوَيْتِ.

(٥) مَنْ ________ الْمُدَرِّسَةِ الْآنَ؟ مَعَها طَبِيبَةٌ مِنَ الْمَدِينَةِ الْمُنَوَّرَةِ.

(٦) أَعِنْدَكَ ________؟ نَعَمْ، ________. هِيَ مِنْ مالِيزِيا.

٦ ٱمْلَأْ (ٱمْلَئِي) كُلَّ فَراغٍ مِمَّا يَلِي بِـ«هٰذا» أَوْ بِـ«هٰذِهِ» :

(١) ______ سُوقٌ.
(٤) مِنْ أَيْنَ لَكِ ______ الْمُصْحَفُ؟

(٢) هاتِي ______ النَّظّارَةَ.
(٥) ______ قَهْوَةٌ، وَ ______ شايٌ.

(٣) أَهاتِفُ ______؟
(٦) مَنْ فِي ______ الْغُرْفَةِ الْكَبِيرَةِ؟

٧ ٱضْبِطْ (ٱضْبِطِي) أَواخِرَ الْكَلِماتِ كُلِّها :

(١) كُرْسِيّ عَبّاس
(٢) زَيْنَب خَرَجَت.
(٣) عِنْد السُّوق
(٤) عَلَىٰ قِطّ هِشام

(٥) هاتِ الْقَلَم.
(٦) أَنْتِ خَرَجْت.
(٧) عَلَىٰ هاتِف خالِد
(٨) مَع ٱبْن الدُّكْتُور

(٩) هَدِيَّة التِّلْمِيذَة
(١٠) مِفْتاح الْغُرْفَة
(١١) هاتِي الْمِنْدِيل.
(١٢) مُصْحَف الْإِمام

٨ صَحِّحْ (صَحِّحِي) الْجُمَلَ الْآتِيَةَ :

(١) ما أَجْمَلُ الْغُرْفَةُ الْيومَ! ______________________

(٢) أَخُو عَلِيٍّ مَعَ الْإِمامُ. ______________________

(٣) هاتِي الْمِفْتاحَ يا يَعْقُوبُ. ______________________

(٤) ما خَرَجَتْ أُخْتِي عَلَىٰ الْمَسْجِدِ. ______________________

أَسْمُ التِّلْمِيذِ / التِّلْمِيذَةِ :
____

التَّارِيخُ : ______________

(١١) تَمارِينُ الدَّرْسِ الْحادِي عَشَرَ

١ رَتِّبْ (رَتِّبِي) كُلَّ كَلِمَةٍ مِمَّا يَلِي تَرْتِيبًا مُناسِبًا :

[نَظَّارَةً ○ ؟ ○ عِنْدَهُ ○ نَظَّارَتانِ. ○ كَمْ ○ عِنْدَ ○ عارِفٍ]

(١) ______________________________

[إِلَى ○ خَدِيجَةُ ○ ذَهَبَتْ ○ الْيَوْمَ ○ ما ○ الْمَدِينَةِ الْمُنَوَّرَةِ.]

(٢) ______________________________

[كَمْ ○ عَيْنًا ○ يا ○ وَلَدُ ○ رِجْلاً ○ وَ ○ وَ ○ يَدًا ○ ؟ ○ لَكَ]

(٣) ______________________________

[فِي ○ الْحَقِيبَةِ ○ لِمَنْ ○ الْمُصْحَفُ ○ ؟ ○ الَّذِي]

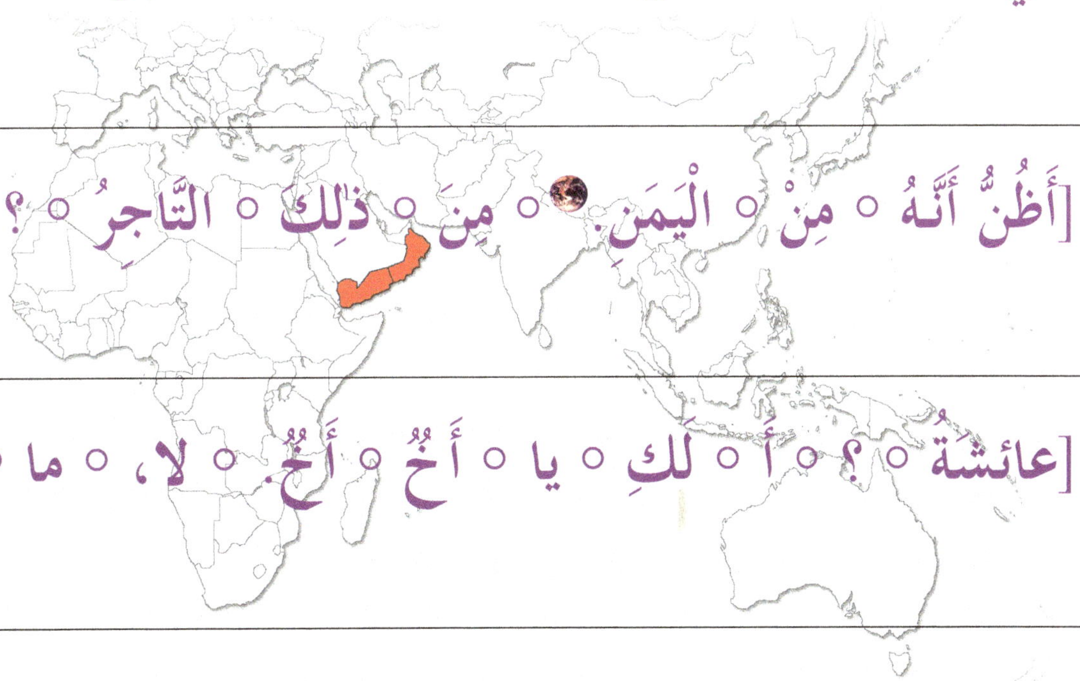

(٤) ______________________________

[أَظُنُّ أَنَّهُ ○ مِنْ ○ الْيَمَنِ. ○ مِنَ ○ ذَلِكَ ○ التَّاجِرُ ○ ؟ ○ أَيْنَ]

(٥) ______________________________

[عائِشَةُ ○ ؟ ○ أَ ○ لَكِ ○ يا ○ أَخٌ ○ أَخٌ. ○ لا، ○ ما ○ لِيْ]

(٦) ______________________________

٢ اِجْعَلْ (اِجْعَلِي) كُلَّ كَلِمَةٍ مِمَّا يَلِي فِي جُمْلَةٍ مُفِيدَةٍ :

هاتِي
بَيْتانِ
جِدًّا
عِنْدَ
أَظُنُّ أَنَّها
كَمْ...؟

(١) ________________

(٢) ________________

(٣) ________________

(٤) ________________

(٥) ________________

(٦) ________________

٣ اِمْلَأْ (اِمْلَئِي) الْفَراغاتِ بِـ«خَرَجَ»، أَوْ بِـ«خَرَجْتْ»، أَوْ بِـ«خَرَجْتَ»، أَوْ بِـ«خَرَجْتِ»، أَوْ بِـ«خَرَجْتُ» :

(١) أَيْنَ أُخْتُكَ سُعادُ؟ ما أَدْرِي، أَظُنُّ أَنَّها ________ مِنَ الْغُرْفَةِ.

(٢) هٰذا أَذانُ الصَّلاةِ يا يَعْقُوبُ. لِماذا ________ مِنَ الْمَسْجِدِ؟

(٣) ________ مِنْ بَيْتِ الدُّكْتُورِ، وَذَهَبْتُ إِلَىٰ بَيْتِي.

(٤) يا مَرْيَمُ، قُولِي لِلتِّلْمِيذَةِ الْجَدِيدَةِ : أَ________ مِنَ الْمِرْحاضِ؟

(٥) يا بِنْتِي، أَفِي الْبَيْتِ أَنْتِ؟ لا، ________ مِنْهُ.

(٦) ________ مِنْ قَهْوَتِي قِطٌّ! ما شاءَ اللهُ!!

٤ صَحِّح (صَحِّحِي) الْجُمَلَ الْآتِيَةَ :

(١) هاذا هاتِفٌ مَكْسُورٌ. ________________

(٢) كَمْ مُصْحَفٌ هُناكَ؟ ________________

(٣) تَحْتَ الشَّجَرَةِ كِتابانٌ. ________________

(٤) الْعَيْنانِ مَفْتُوحَةٌ. ________________

(٥) لِي أَخانِ وَأُخْتانِ. ________________

٥ اِمْلَأْ (اِمْلَئِي) كُلَّ فَراغٍ بِالْكَلِماتِ الْآتِيَةِ :

قَلَمٌ ◦ قَلَمًا ◦ الْقَلَمُ ◦ الْقَلَمِ ◦ الْقَلَمَ ◦ قَلَمِي ◦ قَلَمُكَ

(١) كَمْ ______ عِنْدَكِ يا طالِبَتِي؟ عِنْدِي قَلَمانِ.

(٢) جَلَسَتْ سُعادُ عَلَى ______ الْجَدِيدِ. الْآنَ هُوَ مَكْسُورٌ.

(٣) هٰذا ______، وَهٰذِهِ رِسالَتِي. أَيْنَ ______ وَرِسالَتُكَ يا عَبّاسُ؟

(٤) يا شَهْنَوازُ، قُلْ لِعَلِيٍّ : هاتِ ______ الَّذِي تَحْتَ الْمِنْدِيلِ.

(٥) هٰذا ______ مِنَ الْكُوَيْتِ، وَذٰلِكَ الْقَلَمُ مِنَ الْهِنْدِ.

(٦) عِنْدِي سُؤالٌ : لِماذا فِي الشّايِ ______؟! أَفِي الْقَهْوَةِ قِطٌّ؟!

٦ ما هـٰـذانِ؟ / ما هاتـــانِ؟

● هاتانِ شَجَرَتانِ.[١]

(١) ________

(٢) ________

(٣) ________

(٤) ________

(٥) ________

(٦) ________

(٧) ________

(٨) ________

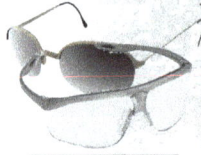

(٩) ________

٧ اِمْلَأْ (اِمْلَئِي) كُلَّ فَراغٍ بِالْكَلِمـاتِ الْآتِيَـةِ :

هـٰذانِ ◦ عِنْدَها ◦ كَيْفَ ◦ آخَرُ ◦ أَخُو ◦ مَعَهُ ◦ نَظَّارَتانِ ◦ واحِدٌ

(١) تَحْتَ الشَّجَرَةِ الْآنَ سَرِيرٌ ________ وَدَرَّاجَتـانِ. لِماذا؟

(٢) أَهْلاً وَسَهْلاً وَمَرْحَبًا يا وِلْيَمُ. أَيْنَ ________كَ، وَ________ حالُهُ؟

(٣) ________ هاتِفانِ، وَعِنْدِي هاتِفٌ ________ فِي حَقِيبَتِـي.

(٤) مَعِي رِسالَةٌ واحِدَةٌ مِنَ السُّودانِ، وَإِدْوَرْدُ ________ رِسالَـتانِ.

(٥) فاطِمَةُ ________ نَظَّارَةٌ واحِدَةٌ، وَأَخُوها خالِدٌ عِنْدَهُ ________.

[١] هـٰذا ← هـٰذانِ   هـٰذِهِ ← هاتانِ

اسْمُ التِّلْمِيذِ / التِّلْمِيذَةِ : ____________

التَّارِيخُ : ____________

(١٢) تَمارِينُ الدَّرْسِ الثَّانِي عَشَرَ

١ اِقْرَأْ (اِقْرَئِي) ما يَلِي، ثُمَّ أَجِبْ (أَجِيبِي) عَنِ الْأَسْئِلَةِ :

- كَمْ أَخًا لَكَ يا عَبَّاسُ؟
- لِي أَخَوانِ.
- وَكَمْ أَخًا لَكَ يا هِشامُ؟
- لِي أَرْبَعَةُ إِخْوَةٍ.
- كَمْ قَلَمًا عِنْدَكَ يا هِشامُ؟
- عِنْدِي ثَمانِيَةُ أَقْلامٍ.

- أَعِنْدَكَ كُتُبٌ يا عَبَّاسُ؟
- نَعَمْ، عِنْدِي خَمْسَةُ كُتُبٍ.
- مَنْ هُناكَ يا هِشامُ؟
- هُناكَ تِسْعَةُ رِجالٍ.
- ماذا فِي الْغُرْفَةِ يا عَبَّاسُ؟
- فِيها ثَلاثَةُ سُرُرٍ.

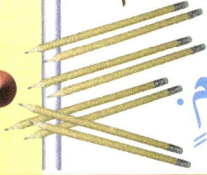

(١) كَمْ أَخًا لِعَبَّاسٍ؟ ____________

(٢) وَكَمْ كِتابًا عِنْدَهُ؟ ____________

(٣) هِشامٌ، كَمْ أَخًا لَهُ؟ ____________

(٤) قالَ هِشامٌ : هُناكَ رِجالٌ. كَمْ رَجُلًا هُناكَ؟ ____________

(٥) كَمْ سَرِيرًا فِي الْغُرْفَةِ؟ ____________

(٦) وَكَمْ قَلَمًا عِنْدَ هِشامٍ؟ ____________

٢ اِضْبِطْ (اِضْبِطِي) أَواخِرَ الْكَلِماتِ كُلَّها :

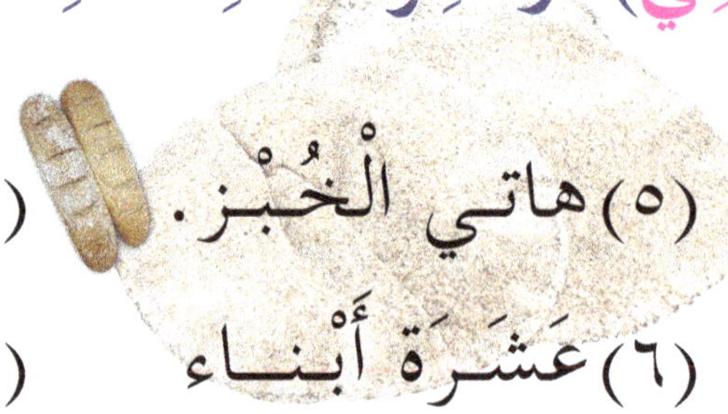

(١) ما أَجْمَل الْهاتِف!
(٢) سِتَّة رِجال
(٣) عَلَى سَرِير خالِد
(٤) أَمام دُكّان التُّجّار
(٥) هاتي الْخُبْز.
(٦) عَشَرَة أَبْناء
(٧) هَدِيَّة أُمّ الْوَلَد
(٨) بَيْتان وَسُؤالان
(٩) سَبْعَة بُيُوت
(١٠) الشّاي والقَهْوَة
(١١) لِبِنْت الْمُمَرِّض
(١٢) يا حامد

٣ رَتِّبْ (رَتِّبِي) كُلَّ كَلِمَةٍ مِمَّا يَلِي تَرتِيبًا مُناسِبًا :

[قَدِيمُ ◦ مَعَ ◦ الدُّكْتُورَةِ ◦ وَ ◦ مُصْحَفُ ◦ آخَرُ ◦ جَدِيدٌ.]

(١) ____________________

[مَعَ ◦ فِي ◦ الْإِمامُ ◦ الْمُهَنْدِسِ ◦ وَ ◦ أَخِي ◦ الْمَسْجِدِ.]

(٢) ____________________

[يا ◦ أَظُنُّ أَنَّنِي ◦ مَرِيضَةٌ. ◦ أُمِّي ◦ ؟ ◦ أَيْنَ ◦ الطَّبِيبَةُ]

(٣) ____________________

[لِـ ◦ لِـ ◦ أَرْبَعَةُ ◦ إِخْوَةٍ ◦ وَ ◦ جَمالٍ ◦ كَمالٍ ◦ ثَلاثَةُ ◦ إِخْوَةٍ.]

(٤) ____________________

[قَلَمانِ ◦ وَ ◦ فِي ◦ أُخْتِي ◦ خَمْسَةُ ◦ فِي ◦ غُرْفَتِي ◦ غُرْفَةِ ◦ أَقْلامٍ.]

(٥) ____________________

٤ اِجْعَلْ (اِجْعَلِي) كُلَّ كَلِمَةٍ مِمَّا يَلِي فِي جُمْلَةٍ مُفِيدَةٍ :

كَمْ...؟	(١) _____
سَبْعَةُ...	(٢) _____
عَشَرَةُ...	(٣) _____
هٰذانِ	(٤) _____
فِيها	(٥) _____
طُلاَّبٌ	(٦) _____

٥ صَحِّحْ (صَحِّحِي) الْجُمَلَ الْآتِيَةَ :

(١) هٰذانِ نَظَّارَتانِ.
_____

(٢) فِي غُرْفَتِي ثَلاثُ سُرُرٍ.
_____

(٣) كَمْ رِجْلٌ لِلْقِطِّ يا عَلِيُّ؟
_____

(٤) مَنْ فِي الْفَصْلِ؟ ما فِيها أَحَدُ.
_____

(٥) لِلشَّيْخِ عارِفٍ ثَلاثَةُ بَيْتٍ.
_____

(٦) جَلَسَ خَمْسُ أَبْناءٍ هُناكَ.
_____

(٧) أَعِنْدَكَ ماءٌ بارِدٌ يا زَيْنَبُ؟
_____

(٨) تِلْكَ الْمَدْرَسَةُ، أَفِيهِ طُلاَّبٌ؟
_____

٦ اِمْلَأْ (اِمْلَئِي) الْفَرَاغَ فِيما يَلِي بِالْعَدَدِ الدَّالِّ عَلَيْهِ الصُّوَرُ :

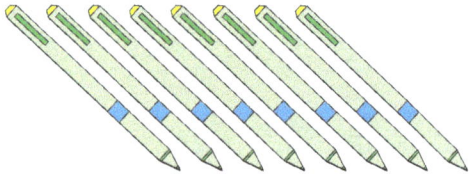

(١) عَلَى الْمَكْتَبِ _____ _____ .

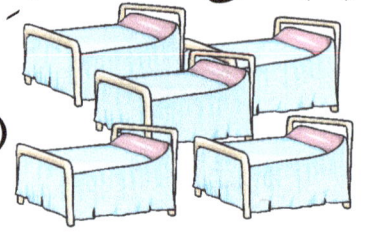

(٢) أمامَ مَدْرَسَةِ عارِفٍ _____ _____ .

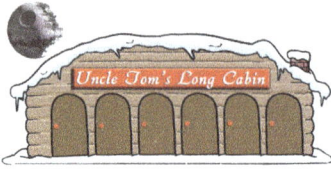

(٣) لِبَيْتِ الشَّيْخِ عَبّاسٍ _____ _____ .

(٤) كَمْ كِتابًا عِنْدَهُ؟ عِنْدَهُ _____ _____ .

(٥) خَرَجَ مِنَ الْمَلْعَبِ _____ _____ .

(٦) كَمْ بَيْتًا هُناكَ؟ هُناكَ _____ _____ .

٧ اِجْعَلْ (اِجْعَلِي) كُلَّ كَلِمَةٍ مِمّا يَلِي فِي جُمْلَةٍ مُفِيدَةٍ :

(١) _____	سُؤالٌ
(٢) _____	فِيهِ
(٣) _____	إِخْوَةٍ
(٤) _____	مُغْلَقانِ
(٥) _____	تُجّارٍ
(٦) _____	نَعَمْ

٨ ٱمْــلَأْ (ٱمْـلَـئِــي) الْـفَـراغـــاتِ الْآتِـيَـــةَ بِـ«كَ» أَوْ بِـ«كِ» أَوْ بِـ«يْ» :

(١) أَيْنَ طالِبُـــــ يا أُسْتاذُ؟ أَظُنُّ أَنَّـهُ فِي الْفَصْلِ.

(٢) يا أُخْتِي، أَلَـــــ إِخْوَةٌ؟ نَعَم، لِـــــ ثَلاثَةُ إِخْوَةٍ.

(٣) ما ٱسْمُـــــ يا مُهَنْدِسُ؟ ٱسْمِـــــ إبراهِيمُ.

(٤) يا بِلالُ، قَهْوَةُ مَنْ عَلَىٰ السَّرِيرِ؟ أَقَهْوَتُـــــ هِيَ؟

(٥) أَما عِنْدَـــــ هاتِفٌ في بَيْتِـــــ يا سُعادُ؟

(٦) أَنا تِلْمِيذَةٌ فِي تِلْكَ الْمَدْرَسَةِ. ٱنْظُرِيْ، فَصْلِـــــ هُناكَ.

٩ لَوِّنْ (لَوِّنِي) هٰـذِهِ الصُّـورَةَ :

١٠ صِلْ (صِلِي) بَيْنَ الْجُمَلِ وَما يُناسِبُها :

كَمْ سَرِيرًا هُناكَ؟	ما فِيهِ أَحَدٌ.
أَفِي بَيْتِكَ كُتُبٌ؟	فِيها مِفْتاحانِ!
ماذا فِي قَهْوَتِي؟!	هُناكَ سَبْعَةُ سُرُرٍ.
مَنْ فِي الْفَصْلِ؟	لَها هَدِيَّتانِ.
كَمْ هَدِيَّةً لِأُخْتِكَ؟	نَعَمْ، فِيهِ عَشَرَةُ كُتُبٍ.
أَيْنَ خَدِيجَةُ الْآنَ؟	ما أَجْمَلَهُ!
الْقَمَرُ فِي السَّماءِ.	أَظُنُّ أَنَّهُ خَلْفَ عارِفٍ.
يا وِلْيَمُ، أُمُّكَ هُناكَ.	قُولِي لَها أَنا مَسْرُورَةٌ.
هاتِ قَلَمًا آخَرَ.	أَظُنُّ أَنَّها خَلْفَ عارِفٍ.
يا آمِنَةُ أُمُّكِ هُناكَ.	قُلْ لَها أَنا مَسْرُورٌ.
أَيْنَ أَخُوكِ الْآنَ؟	هٰذا مَكْسُورٌ.

اِسْمُ التِّلْمِيذِ / التِّلْمِيذَةِ : ____________

التَّارِيخُ : ____________

(١٣) تَمارِينُ الدَّرْسِ الثَّالِثَ عَشَرَ

١ اِمْلَأْ (اِمْلَئِي) الْفَراغاتِ الْآتِيَةَ بِـ«هٰذا» أَوْ بِـ«هٰذِهِ» :

(١) مِنْ أَيْنَ ______ السّاعَةُ؟

(٢) مَنْ ______ الْمَرْأَةُ؟

(٣) أَأَخُو عارِفٍ ______؟

(٤) ______ النَّظّارَةُ لِعِيسَىٰ.

(٥) أَنا زَيْنَبُ، وَ______ أَخِي إِبْراهِيمُ.

(٦) ما أَكْبَرَ ______ الْمُسْتَشْفَىٰ!

(٧) جَلَسَ ______ الرَّجُلُ عَلَىٰ الْخُبْزِ!

(٨) ما فِي ______ الْمَدْرَسَةِ أَحَدٌ.

٢ اِمْلَأْ (اِمْلَئِي) كُلَّ فَراغٍ فِيما يَلِي بِـ«ه/ـه» أَوْ بِـ«ها/ـها» :

(١) ماذا فِي قَهْوَتِي؟! ما أَدْرِي، أَظُنُّ أَنَّـ______ خُبْزٌ!

(٢) يا سَلْمَىٰ، قُولِي لِهِشامٍ : شَجَرَتُكَ جَمِيلَةٌ. ما أَجْمَلَـ______!

(٣) كَمْ رَجُلًا فِي الْمُسْتَشْفَىٰ الْآنَ؟ فِيـ______ ثَمانِيَةُ رِجالٍ.

(٤) هٰذا إِدْوَرْدُ. لَـ______ أَخَوانِ كَبِيرانِ، وَأُخْتانِ صَغِيرَتانِ.

(٥) ما شاءَ اللهُ! مَنْ جَلَسَ عَلَىٰ نَظّارَتِي؟! جَلَسَ عَلَيْـ______ عَلِيٌّ.

(٦) مِنْ أَيْنَ أَبُو سَلْمَىٰ؟ أَبُو______ مِنَ السُّودانِ. هُوَ شَيْخٌ كَبِيرٌ.

٣ رَتِّبْ (رَتِّبِي) كُلَّ كَلِمَةٍ مِمَّا يَلِي تَرتِيبًا مُناسِبًا :

[وَ ○ ثَلاثَةُ ○ خَرَجَ ○ الْمَدْرَسَةِ. ○ ابْنانِ ○ مِنَ ○ رِجالٍ]

_____ (١)

[الَّذِي ○ واحِدَةُ! ○ خَرَجَ ○ الرَّجُلُ ○ بَيْتِي ○ لَهُ ○ مِنَ ○ عَيْنٌ]

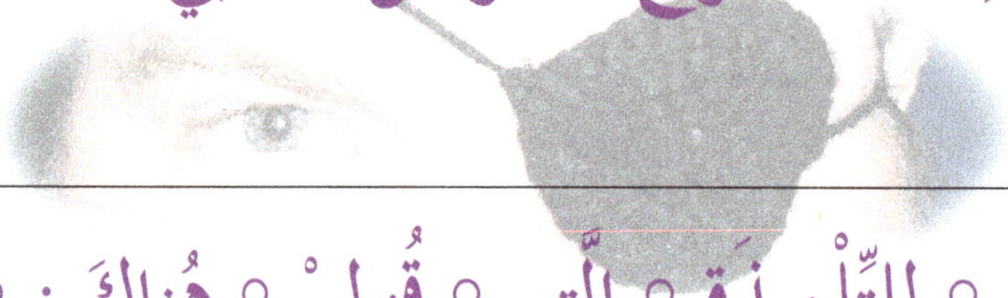

_____ (٢)

[جَلَسَتْ ○ ؟ ○ لِلتِّلْمِيذَةِ ○ الَّتِي ○ قُولِي ○ هُناكَ : ○ ما ○ اسْمُكِ]

_____ (٣)

[إِلَىٰ ○ ما ○ أَنْظَفَهُ! ○ الْمُسْتَشْفَىٰ ○ ذَهَبْتُ ○ أَمْسِ.]

_____ (٤)

٤ اِجْعَلْ (اِجْعَلِي) كُلَّ كَلِمَةٍ مِمَّا يَلِي فِي جُمْلَةٍ مُفِيدَةٍ :

أَرْبَعَةُ...	_____ (١)
مُوسَىٰ	_____ (٢)
ما أَكْبَرَ..!	_____ (٣)
كَمْ...؟	_____ (٤)
مُغْلَقٌ	_____ (٥)
جَلَسَ	_____ (٦)

٥ اِمْلَأْ (اِمْلَئِي) الْفَراغاتِ الْآتِيَةَ بِـ«فِي» أَوْ بِـ«عَلَىٰ» أَوْ بِـ«مِن» أَوْ بِـ«إِلَىٰ» :

(١) ذَهَبَ ثَمانِيَةُ طُلّابٍ ____ غُرْفَةِ عِيسَىٰ. أَظُنُّ أَنَّهُ مَرِيضٌ.

(٢) ____ أَيْنَ أَنْتَ يا أَخِي؟ أَنا ____ فِرَنْسَا وَاسْمِي يَعْقُوبُ.

(٣) مَنْ ____ بَيْتِ مُحَمَّدٍ الْآنَ؟ ما أَدْرِي. أَظُنُّ أَنَّ أَخِي ____ هِ.

(٤) السّاعَةُ الَّتِي ____ الْفَصْلِ هَدِيَّةٌ ____ أُمِّي. ما أَجْمَلَها!

(٥) ما خَرَجْتُ ____ الْمُسْتَشْفَىٰ أَمْسِ. خَرَجْتُ ____ هُ الْيَوْمَ.

(٦) مَنْ ____ بَيْتِ عَبّاسٍ؟ ما أَدْرِي. أَظُنُّ أَنَّهُ الدُّكْتُورُ إِسْماعِيلُ.

٦ اِجْعَلْ (اِجْعَلِي) كُلَّ كَلِمَةٍ مِمّا يَلِي فِي جُمْلَةٍ مُفِيدَةٍ :

ثَلاثَةُ...	(١) ____
يَعْقُوبُ	(٢) ____
قُولِي...	(٣) ____
الَّتِي	(٤) ____
زَكَرِيّا	(٥) ____
مَسْرُورانِ	(٦) ____

٧ اِجْعَلْ (اِجْعَلِي) كُلَّ كَلِمَةٍ مِمَّا يَلِي فِي جُمْلَةٍ مُفِيدَةٍ :

سُعادُ
كَمْ...؟
سُؤالٌ
فِرَنْسَا
مِفْتاحانِ
ما أَصْغَرَ..!

(١) ________________

(٢) ________________

(٣) ________________

(٤) ________________

(٥) ________________

(٦) ________________

٨ اِمْلَأْ (اِمْلَئِي) الْفَراغاتِ بِالْكَلِماتِ الْآتِيَةِ :

شُكْرًا ◦ عِنْدَ ◦ مَسْرُورَةٌ ◦ نَيْجِيرِيَا ◦ مَعِي ◦ أَنْظَفَ ◦ أَبُو

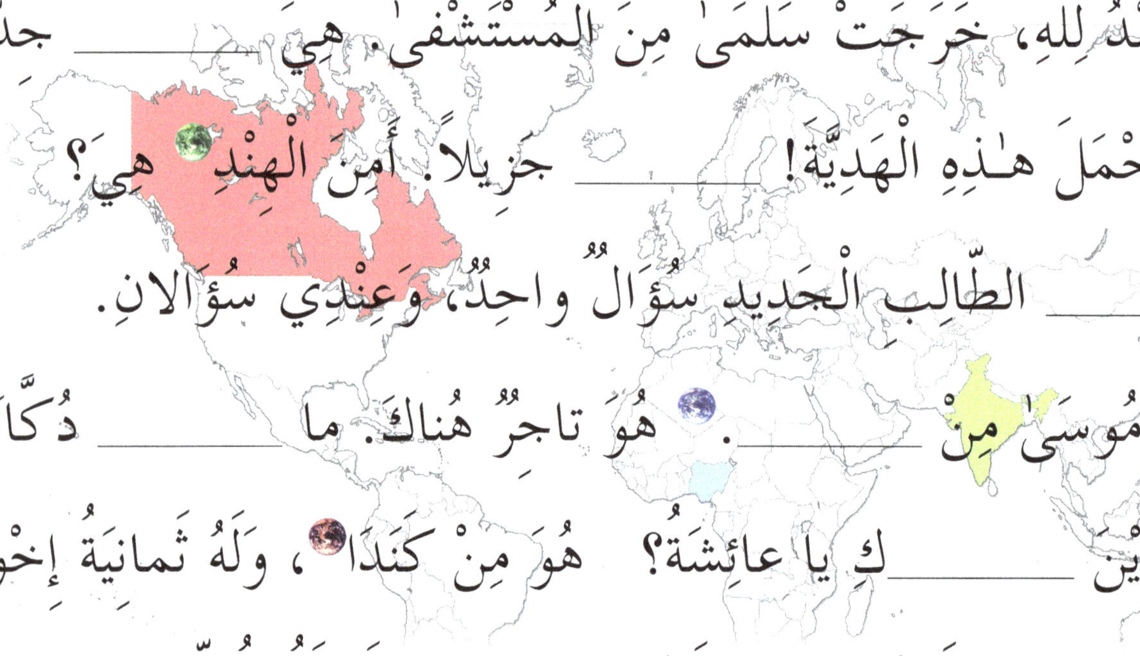

(١) الْحَمْدُ لِلَّهِ، خَرَجَتْ سَلْمَى مِنَ الْمُسْتَشْفَى. هِيَ ________ جِدًّا.

(٢) ما أَجْمَلَ هٰذِهِ الْهَدِيَّةَ! ________ جَزِيلًا. أَمِنَ الْهِنْدِ هِيَ؟

(٣) ________ الطَّالِبِ الْجَدِيدِ سُؤالٌ واحِدٌ، وَعِنْدِي سُؤالانِ.

(٤) أَبُو مُوسَى مِنْ ________. هُوَ تاجِرٌ هُناكَ. ما ________ دُكَّانَهُ!

(٥) مِنْ أَيْنَ ________كِ يا عائِشَةُ؟ هُوَ مِنْ كَنَدا، وَلَهُ ثَمانِيَةُ إِخْوَةٍ.

(٦) مَنْ مَعَكَ فِي فَصْلِكَ يا زَكَرِيَّا؟ ________ ثَلاثَةُ طُلَّابٍ.

٩ صَحِّحْ (صَحِّحِي) الْجُمَلَ الْآتِيَةَ :

(١) أَبُ الْإِمامِ طَوِيلٌ. ________________

(٢) مُوسِيْ فِي الْمُسْتَشْفَيْ. ________________

(٣) يا مَرْيَمُ قُلْ لِعَلِيٍّ : أَنا مَرِيضَةٌ. ________________

(٤) ما أَكْبَرُ هٰذا الْهاتِفَ! ________________

(٥) الْمَرْأَةُ الَّذِيْ هُناكَ طَوِيلَةٌ. ________________

١٠ رَتِّبْ (رَتِّبِي) كُلَّ كَلِمَةٍ مِمَّا يَلِي تَرْتِيبًا مُناسِبًا :

[الَّتِي ○ مَعَ ○ لِلْمَرْأَةِ ○ قُلْ ○ الطَّبِيبَةِ : ○ ما ○ أَجْمَلَ ○ بَيْتَكِ!]

(١) ________________

[مِنْ ○ كَنَدَا ○ هٰذا ○ الْهِنْدِ. ○ مِنَ ○ هُوَ ○ الشّايُ ○ أَ ○ ؟ ○ لا،]

(٢) ________________

[تِلْكَ ○ فِي ○ سِتَّةُ ○ ماذا ○ ؟ الْحَقِيبَةِ ○ كُتُبٍ. ○ فِيها]

(٣) ________________

[لِماذا ○ ما ○ عَلَىٰ ○ عِيسَىٰ ○ كُرْسِيِّكَ ○ ؟ ○ أَدْرِي. ○ جَلَسَ]

(٤) ________________

١١ ٱضْبِطْ (ٱضْبِطِي) أَوَاخِرَ كُلِّ كَلِمَةٍ فِيما يَلِي :

(١) في فصْلِ جَمال مدرّستان من أمريكا، ومدرّستان من العراق.

(٢) خالد عنده مفتاح للبيت، ومفتاح آخر للسّيّارة.

(٣) السلام عليك ورحمة الله وبركاته. كيف حالك اليوم يا سعاد؟

(٤) يا أستاذ، المدرّس الجديد ٱسمه الشيخ عارف. هو مسرور.

(٥) من ذهب إِلى ماليزيا؟ ذهب يعقوب مع أخْتِه سلمى.

(٦) تحت الشجرة أرْبعة إخْوة، وأمامها سبعة طلاّب.

(٧) يا فاطمة، قولي للأسْتاذة : هاتان التِّلْميذتان من الفلبّين.

(٨) من في المرحاض الآن؟ ما فيه أحد.

(٩) أنا خرجْت من الفصل وجلسْت على الكرسيّ. ما أكبر الكرسيّ!

(١٠) من أين أبو تلك الطالبة؟ أظنّ أنّه من السودان.

(١١) زكريّا عنده ثلاثة كتب، ومريم عندها كتاب واحد.

(١٢) الرسالة والمصحف والنظّارة في حقيبة موسى.

(١٣) من أين درّاجة التاجر؟ ما أدري. أظنّ أنّها من فِرنْسا.

(١٤) يا خديجة، متى ذهبْت إلى بيت عبّاس؟ ذهبْت أمس.

(١٥) ما ٱسم الإمام وأين بيته؟ ٱسمه شهنَواز وبيته هناك.

اَسْمُ التِّلْمِيذِ / التِّلْمِيذَةِ : ______

التَّارِيخُ : ______

(١٤) تَمارِينُ الدَّرْسِ الرَّابِعَ عَشَرَ

١ أَجِبْ (أَجِيبِي) عَنِ الْأَسْئِلَةِ الْآتِيَةِ :

(١) ما اَسْمُكَ؟ ______

(٢) مِنْ أَيْنَ أَنْتَ؟ ______

(٣) أَبُوكَ، ما اَسْمُهُ؟ ______

(٤) وَأُمُّكَ، ما اَسْمُها؟ ______

(٥) كَمْ أَخًا لَكَ؟ ______

(٦) كَمْ أُخْتًا لَكَ؟ ______

(٧) أَيْنَ بَيْتُكَ؟ ______

(٨) أَكَبِيرٌ هُوَ؟ ______

(٩) وَأَيْنَ مَدْرَسَتُكَ؟ ______

(١٠) أَكَبِيرَةٌ هِيَ؟ ______

(١١) كَمْ كِتابًا عِنْدَكَ؟ ______

(١٢) وَكَمْ ساعَةً عِنْدَكَ؟ ______

٢ اِضْبِطْ (اِضْبِطِي) أَواخِرَ الْكَلِماتِ كُلَّها :

(١) قُل لَه شُكْرا جَزِيلا.
(٢) ثَلاث سَيّارات
(٣) السُّودان وَفِرَنْسا
(٤) باب آخَر
(٥) أَيْن الْمُسْتَشْفى؟
(٦) ما أَكْبَر مُوسَى!
(٧) خَمْس طالِبات
(٨) مالِيْزِيا وَالْفِلِبِّين
(٩) نَيْجِيرِيا
(١٠) كَنَدا وَأَمْرِيكا
(١١) سَبْع غُرَف
(١٢) عِيْسَى وَزَكَرِيّا

٣ رَتِّبْ (رَتِّبِي) كُلَّ كَلِمَةٍ مِمَّا يَلِي تَرتِيبًا مُناسِبًا :

[ما ○ الْبَيْتَ ○ الَّذِي ○ أَكْبَرَ ○ غُرَفٍ! ○ لَهُ ○ سَبْعُ ○ هٰذا]

(١) ______________________________

[عارِفٍ ○ هِيَ ○ أَمامَ ○ أَيْنَ ○ كُرَةُ ○ الْآنَ ○ ؟ ○ السَّرِيرِ.]

(٢) ______________________________

[إِلَىٰ ○ ذَهَبَتْ ○ سَلْمَىٰ ○ مَتَىٰ ○ أَمْسِ. ○ ؟ ○ ذَهَبَتْ ○ مالِيزِيا]

(٣) ______________________________

[الَّتِي ○ أُسْتاذُ ○ فِي ○ يا ○ الرِّسالَةُ ○ ؟ ○ فَصْلِ ○ لِمَنِ ○ عِيْسَىٰ]

(٤) ______________________________

[أَمامَ ○ الَّتِي ○ فِيها ○ أَرْبعُ ○ الْغُرْفَةُ ○ ساعاتٍ. ○ الْمِرْحاضِ]

(٥) ______________________________

٤ صَحِّحْ (صَحِّحِي) الْجُمَلَ الآتِيَةَ :

(١) لِي أَرْبَعَةُ أَخَوَاتٍ.
_____

(٢) جَلَسْتُ عَلَىٰ هٰذَا الْكُرْسِيُّ.
_____

(٣) فِي بَيْتِ مُوسَىٰ ثَلاثَةُ غُرَفٍ.
_____

(٤) كم بابُ لِهٰذَا الْمَسْجِدِ؟
_____

(٥) يا عائِشَةَ قُلْ لِخَالِدٍ : شُكْرًا.
_____

٥ اِمْلَأْ (اِمْلَئِي) الْفَرَاغَاتِ الآتِيَةَ بِالْكَلِمَاتِ الآتِيَةِ :

| لَهَا ○ عِنْدِي ○ فِيهِ ○ مَعِي ○ عَلَيْهِ ○ أَمَامَهُ ○ خَلْفَهُ ○ لِي ○ مَعَهَا |

(١) ماذا أَمَامَ فَصْلِ زَكَرِيَّا؟ _____ سِتَّةُ كُتُبٍ لِثَلاثِ طَالِبَاتٍ.

(٢) _____ سُؤَالٌ يا أخِي؛ الْمَسْجِدُ الذي هُنَاكَ، أَ _____ أَحَدٌ؟

(٣) مَنْ ذَهَبَ مَعَ سَلْمَىٰ إِلَى الْفِلِبِّيْنِ؟ ذَهَبَ أَخُوهَا _____ .

(٤) أَأَمَامَ الدُّكّانِ حَقِيبَةُ بِلالٍ؟ لا، هِيَ _____ . شُكْرًا جَزِيلاً.

(٥) جَلَسْتُ تَحْتَ تِلْكَ الشَّجَرَةِ أَمْسِ، وَجَلَسَ _____ عَلِيٌّ كَذَلِكَ.

(٦) قُلْ لِمُوسَىٰ : فِي الْفَصْلِ مَكْتَبٌ _____ تِسْعَةُ أَقْلامٍ وَكِتَابَانِ.

(٧) _____ سَبْعُ أَخَوَاتٍ، وَسُعَادُ _____ خَمْسُ أَخَوَاتٍ.

٦ عَيِّنْ كُلاًّ مِمَّا يَلِي :

هاتانِ كُرَتانِ. [1]

(١) _____

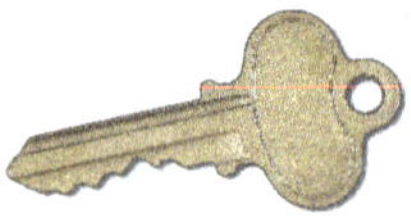

(٢) _____

(٣) _____

(٤) _____

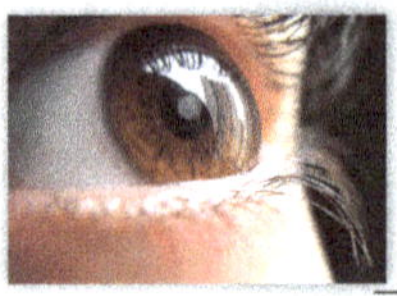

(٥) _____

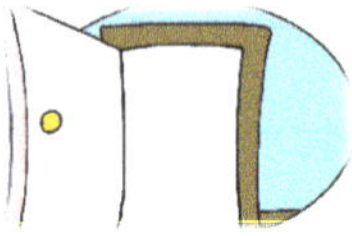

(٦) _____

(٧) _____

(٨) _____

(٩) _____

(١٠) _____

(١١) _____

(١٢) _____

(١٣) _____

٧ كَوِّنْ (كَوِّني) جُمَلاً كَما فِي الْمِثالِ :

(١) (في/ ١٠ /) _____ **في الْفَصْلِ عَشَرَةُ طُلاَّبٍ.**

(٢) (تَحْتَ/  ٦ /) _____

(٣) (عَلَى/  ٥ /) _____

(٤) (أَمامَ/  ٤ /) _____

(٥) (فِي/  ١٠ /) _____

---

¹ هٰذا ← هٰذانِ   هٰذِهِ ← هاتانِ

٨ ٱجْعَلْ (ٱجْعَلِي) كُلَّ كَلِمَةٍ مِمَّا يَلِي فِي جُمْلَةٍ مُفِيدَةٍ :

أَخَواتٍ
فِرَنْسَا
ما أَكْبَرَ..!
ثَمانِيْ
غُرَفٍ
أَقْلامٍ
الَّتِي

(١) ____________________

(٢) ____________________

(٣) ____________________

(٤) ____________________

(٥) ____________________

(٦) ____________________

(٧) ____________________

٩ ٱضْبِطْ (ٱضْبِطِي) أَوَاخِرَ كُلِّ كَلِمَةٍ فِيما يَلِي :

(١) يا شيخي، هذه الهديّة من الهند. هي لك. شكرا جزيلا!

(٢) في المستشفى أربع طبيبات. أين الأمّهات؟

(٣) سلمى من نيجيريا وعيسى من ماليزيا. من أين أنت؟

(٤) في بيت المهندس خالد غرفتان. ما أصغر البيت!

(٥) لي ستّ أخوات، وخمسة إخوة. كم أختا وأخا لك؟

(٦) يا سعاد، قولي لموسى : ما في المسجد الآن أحد.

(٧) عند زكريّا تسع ساعات من اليابان. ما أجملها!

١٠ اِمْلَأْ (اِمْلَئِي) الْفَراغاتِ بالْكَلِماتِ الْآتِيَةِ :

جَزِيلاً ○ أَبْناءٍ ○ بَناتٍ ○ عَشَرَةُ ○ عَشْرُ ○ فِيهِ ○ أَكْبَرَ ○ أَبُو

(١) ما أَنْظَفَ وَما ______ بَيْتَ عَلِيٍّ! ______ سَبْعُ غُرَفٍ.

(٢) فِي فَصْلِ خالِدٍ ______ طُلّابٍ، وَ______ طالِباتٍ.

(٣) يا وِلْيَمُ، هٰذِهِ الْهَدِيَّةُ مِنْ كَنَدا لَكَ. شُكْرًا ______!

(٤) يا أُسْتاذَةُ، ______ زَكَرِيّا لَهُ أَرْبَعَةُ ______، وَثَلاثُ ______.

١١ اُدْخُلْ (اُدْخُلِي) مِنْ هُنا، وَاخْرُجْ (وَاخْرُجِي) مِنْ هُنا :

Dictation / الْإِمْلَاءُ

About The Author

Muhammad Taha Abdullah is an American convert to Islam since 1989. He studied at the Islamic University of Medinah, Saudi Arabia in the early 1990's. He is forty-four years old, married, has nine children and resides in Malaysia. He has been teaching Arabic for almost twenty years, and has written over 25 books related to Dr V. Abdur Rahim's revolutionary books and methodology.

About The Reviser

Dr V. Abdur Rahim is an outstanding scholar of Arabic Language. He was Professor of Arabic for 30 years at the world renowned Islamic University, Medinah, Saudi Arabia, and has been teaching Arabic to non-native speakers for 50 years. He is currently the director of the Translation Centre at the King Fahd Qur'an Printing Complex.

How This Book Was Made

This book was created with Microsoft Word 2007. Adobe Illustrator and Photoshop (Middle Eastern versions) were used for the drawings, illustrations and pictures which were then inserted into Word. The Word document was converted into a PDF using Adobe Acrobat Pro version 9.0.

Only Traditional Arabic (مِثْلُ هـٰذا) was used which I've modified using a font creator program; **bold dark blue** for captions, **bold pink** for feminine verbs, **bold purple** and **black** for text, **bold brown** for examples, and **dark green** for footnotes. Font size is 30 points throughout the book. For page numbers I've used Simplified Arabic (١٢٣), as I've found it to be a bit easier to distinguish.

Please visit both Dr V. Abdur Rahim's website as well as mine for additional material and info relating to the Arabic Language, as well as teaching methodology :

www.DrVaniya.com   **www.Taha-Arabic.com**

Books By Muhammad Taha Abdullah and Dr V. Abdur Rahim :